AF001205

POMPEI - GUIDE TEMATICHE

VERDE POMPEIANO

Annamaria Ciarallo

VERDE POMPEIANO

«L'ERMA» di BRETSCHNEIDER

ANNAMARIA CIARALLO
Verde pompeiano
(Pompei - Guide tematiche)

I ristampa 2001
© Copyright 2000
«L'ERMA» di BRETSCHNEIDER
Tutti i diritti riservati. È vietata la riproduzione di testi
e illustrazioni senza il permesso scritto dell'editore.

Foto:
Alfredo e Pio Foglia
Le foto naturalistiche sono di A. Ciarallo.

Si ringraziano:
L. Capaldo per aver reso disponibili le foto di paesaggio da lui
realizzate, i colleghi della Soprintendenza Archeologica di
Pompei per le ripetute segnalazioni.

In copertina:
Affresco. Napoli, Museo Archeologico Nazionale, s.n.

Ciarallo, Annamaria
Verde pompeiano / Annamaria Ciarallo. – Roma: «L'ERMA» di BRETSCHNEIDER. –
73 p.: ill.; 24 cm. – (Pompei. Guide tematiche)
ISBN 88-8265-056-1

CDD 20.   581.9377

1. Flora - Pompei

SOMMARIO

	SPECIE SPONTANEE E SPECIE INTRODOTTE	7
	LE PIANTE MEDICINALI	10
	LE PIANTE CORONARIE	16
	IL PAESAGGIO	22
	LE PIANTE TESSILI E DA INTRECCIO	26
	LE PIANTE TINTORIE	30
	IL VERDE URBANO	37
	LA FORTUNA DEL GIARDINO POMPEIANO	40
	I PROFUMI	44
	LE COLTURE ESSENZIALI: IL FRUMENTO, L'OLIVO E LA VITE	52
	IL CICLO DEL PANE	55
	IL CICLO DELL'OLIO	58
	IL CICLO DEL VINO	62
	APPENDICE	65
	ELENCHI FLORISTICI	67
	BIBLIOGRAFIA	73

*Pensando ad Ada, ai viaggi
che sognava, al suo balcone fiorito.*

Il punto di vista del botanico nell'occuparsi della flora antica è ovviamente molto diverso da quello dello storico dell'arte, dell'archeologo o dell'architetto: la rappresentazione della pianta nasce dall'osservazione di un fatto di natura, la cui conoscenza, a sua volta, permette di capire se una descrizione, letteraria o iconografica che sia, possa essere vera o fantastica.

Tutto ciò non è cosa di poco conto, se si tiene presente che il legame tra l'uomo del tempo e la natura, e in particolare con il mondo vegetale, era molto più forte e molto meno mediato di quanto oggi lo sia per noi abituati a vedere i vegetali su un banco di supermercato o distrattamente, come quinta alle ore perse nel traffico. In epoca romana, e lo sarebbe stato per molti secoli ancora, la dipendenza era invece, immediata e totale: si pensi al molteplice utilizzo delle piante ai fini alimentari, tessili, cosmetici, edili, financo militari e religiosi e soprattutto curativi considerato che tutte le piante, utilizzandone questa o quella parte, erano usate come medicinali.

Conoscere le piante di cui gli antichi pompeiani si servivano, la loro provenienza, l'utilizzo che ne facevano significa quindi acquisire informazioni anche sulla vita sociale ed economica dell'area vesuviana.

Generalmente nella letteratura latina, siano esse opere scientifiche, poetiche o divulgative, le piante sono ripetutamente citate, ma identificabili con difficoltà perché solo nel '700 Linneo introdurrà regole obiettive di classificazione.

Invero, quelle più comuni godevano di una descrizione più limpida, che ne permette un più rapido riconoscimento: questo vale soprattutto per le piante alimentari, anche se certamente non è facile districarsi tra l'infinito numero di varietà citate per il frumento, per la vite e per alcuni alberi fruttiferi ad esempio da Plinio il Vecchio nella *Naturalis Historia*.

Man mano che ci si allontana dalle specie più usate diventa quasi impossibile il riconoscimento reso difficile dal continuo rimando per comparazione alle differenti caratteristiche di una specie e l'altra.

Talora il loro inserimento nell'ambiente naturale o il confronto con le flore attuali aiuta nel compito: così facendo, senza ricorrere ad espliciti riferimenti, si può stilare un elenco delle specie sicuramente diffuse in ambito vesuviano, anche se non mancano, in taluni casi accenni diretti ad esse e, più ampiamente, a quelle campane, soprattutto, come si è detto, tra le specie alimentari.

Varrone, ad esempio, cita l'uso dei cipressi in area vesuviana per delimitare le proprietà. Columella fa cenno alle coltivazioni di cavoli (*Col.*, X,135), alla cipolla pompeiana (*Col.*, XII, 10.1) e alla vite nelle varietà *Amminea gemina* (III, 2.10) e *Murgentina* detta pompeiana (III, 2.27).

Proprio le grandi difficoltà che si incontrano nel riconoscere le specie descritte letterariamente, ma ciò vale anche per il mondo animale, rendono di grandissima importanza per la scienza gli affreschi a soggetto naturalistico che ornavano le case delle città sepolte dall'eruzione del 79 d.C.

Inoltre il ritrovamento sul piano di calpestio antico di macro e microresti, identificati in laboratorio, completa ed ulteriormente amplia le informazioni che l'iconografia ci restituisce, fino a fornire una documentazione unica nel suo genere per ampiezza in un momento storico perfettamente datato.

Attualmente si può dire che quasi giornalmente si acquisiscono nuove specie che vanno ad accrescere l'elenco, proposto in appendice, della flora vesuviana del 79 d. C.

Le informazioni che ne derivano sono di particolare interesse per la storia della botanica: si possono, infatti, verificare i tempi di importazione di alcune specie diventate poi comuni in Italia. Si pensi, ad esempio, al pesco, all'albicocco, al ciliegio e, cosa sorprendente, al limone e al cocco, il primo ritenuto importato dagli Arabi nel XII sec., il secondo addirittura nel 1500 dal Nuovo Mondo, ma l'uno certamente già coltivato in area vesuviana, i frutti dell'altro raffigurati in un affresco, le foglie ritrovate a Pompei in forma di fibra tessile, a conferma di un'ipotesi già avanzata nel 1800 da De Candolle. Il tutto a testimoniare un attivissimo scambio di specie tra regioni geograficamente lontane, che troverà uguali solo 15 secoli dopo, con la scoperta dell'America, che riempirà le nostre campagne di peperoni, patate, pomodori, tabacco, agavi e fichi d'India mentre aranci, susine e viti finiranno in California.

Non meno interessante, però, è l'attuale flora, allignante nell'area archeologica vesuviana, che è da duecentocinquanta anni demaniale. In essa, infatti, si sono rifugiate tutte quelle specie spontanee che sono state scacciate dai dintorni dall'urbanizzazione selvaggia degli ultimi quaranta anni e dall'uso massiccio di presidi sanitari in agricoltura.

Anche di queste specie si dà l'elenco in appendice.

SPECIE SPONTANEE E SPECIE INTRODOTTE

Come si è già detto nell'introduzione non è il solo studio dei micro e macroresti vegetali a svelarci quali erano le specie più diffuse sul territorio vesuviano: gli affreschi, infatti, molto frequentemente raffiguravano soggetti vegetali e talora in maniera così accurata da permettere, nel caso di piante coltivate, di definirne financo le varietà.

Solitamente nei dipinti che riproponevano scene da giardino venivano raffigurate specie spontanee: tra le più comuni erano le *compositae* (quelle che noi definiremo comunemente margherite di campo), le pervinche (fig. 1), l'edera, le felci, il sigillo di Salomone (fig. 2), le violette, il papavero sonnifero (fig. 3), quest'ultima nota pianta medicinale. Non mancavano specie arbustive e arboree tipiche dell'ambiente mediterraneo come il corbezzolo, l'alloro, il viburno (figg. 4-6).

Talora nella raffigurazione venivano mescolate tra di loro specie di habitat diversi e ciò di solito accadeva quando essa voleva avere un significato simbolico legato alle specie stesse.

Ma ancor più che per la conoscenza della flora spontanea presente nell'area vesuviana, l'iconografia è importante per capire quali specie esotiche erano conosciute e quali erano effettivamente coltivate, così come in taluni casi le analisi palinologiche hanno già confermato.

Le piante esotiche erano spesso raffigurate in scene d'insieme come le cosiddette scene nilotiche: il fior di loto, le palme da datteri andavano a comporre paesaggi in cui figuravano ibis, ippopotami e coccodrilli (figg. 7-9).

Talora le specie importate in precedenza per essere coltivate e, quindi già

1. **Pervinca (*Vinca* sp.)**
Affresco (particolare). Pompei, Casa del Bracciale d'Oro.
Ritenuta una pianta da giardino, entrava tuttavia nella composizione delle ghirlande, quando vi era carenza di altri fiori.
Aveva anche numerosi usi in medicina, ad esempio, curava l'idropisia (*N.H.*, XXI, 98,172 e 39,68).

2. **Sigillo di Salomone (*Poligonatum multiflorum* (L.) All.)**
Affresco (particolare). Pompei, Casa del Bracciale d'Oro.
Simbolicamente indicava la fecondità, ma con essa si curavano anche il mal di denti, le lombaggini e le fratture (*N.H.*, XII, 18, 40).

3
4
5

6
7

3. Papavero *(Papaver somniferum L.)*
Affresco (particolare). Pompei, Casa del Bracciale d'Oro.
Con i semi di papavero sonnifero si curava l'insonnia, secondo un uso rimasto nella medicina popolare fino a mezzo secolo fa. Si conosceva però anche l'effetto potentemente narcotico dell'oppio ricavato dal lattice del frutto. Sempre il lattice veniva ritenuto pericoloso per la vista ed ancora a noi bambini si raccomandava di non stropicciarsi gli occhi con le mani dopo aver raccolto i fiori.

4. Corbezzolo *(Arbutus unedo L.)*
Affresco (particolare). Pompei, Casa del Bracciale d'Oro.
La pianta è raffigurata in maniera estremamente accurata, tanto che se ne riconoscono i frutti a diverso stadio di maturazione. Questi, che sono commestibili, compaiono sulla pianta insieme ai fiori e ciò costituisce la caratteristica della pianta.

5. Alloro *(Laurus nobilis L.)*
Affresco (particolare). Pompei, Casa del Bracciale d'Oro.
La pianta, dedicata ai trionfi, era usata anche in medicina e in cucina. Plinio ne ricorda l'uso nella preparazione dei "mostaccioli" (*N.H.*XV,39,127).

6. Viburno *(Viburnum tinus L.)*
Affresco (particolare). Pompei, Casa del Bracciale d'Oro.
È una delle più belle piante della macchia mediterranea: fiorisce nel tardo inverno con ombrelle di fiori bianchi che in bocciolo assumono una tenue tonalità rosata ottenendo un felice contrasto cromatico con il blu metallico dei frutti.

7. Palma da datteri *(Phoenix dactylifera L.)*
Affresco (particolare). Casa del Bracciale d'Oro.
La raffigurazione della palma è piuttosto frequente: talvolta essa ambientava le cosiddette scene nilotiche, altre era proposta come simbolo del trionfo e della vittoria, significato ancora oggi a noi familiare se pensiamo, ad esempio, al significato biblico della "Domenica delle Palme". Molto frequentemente sono stati ritrovati anche i frutti carbonizzati di questa specie, cioè i datteri: essi erano, come ancora oggi, importati non riuscendo a maturare nel nostro clima.

acclimatate, venivano raffigurate da sole per sottolinearne la preziosità, oppure insieme a quelle spontanee per realizzare composizioni di valore simbolico: questa tradizione è perdurata a lungo ed ancora si ritrova nelle "nature morte" del '600.

Non è dunque facile definire l'effettiva introduzione di nuove specie, ma una lettura comparata dei dati etnobotanici, bibliografici, iconografici, e il ritrovamento di eventuali micro e macroresti possono aiutare in tal senso. Per fare un esempio, certamente la palma da datteri fu più volte raffigurata nelle cosiddette scene nilotiche e, insieme alle specie autoctone, anche negli affreschi della Casa del Bracciale d'Oro, per il suo valore simbolico legato ai trionfi. Nelle case dell'antica Pompei sono stati ritrovati poi numerosi datteri carbonizzati, ma certamente la pianta, come si è visto conosciutissima, seppure era coltivata nella piana vesuviana, lo era agli unici fi-

8. Scena nilotica
Mosaico. Napoli, Museo Archeologico Nazionale.
Il nelumbo è ben riconoscibile in questo mosaico con scena nilotica: di grande effetto è la riproduzione del caratteristico frutto a coppa che ospita i semi, conosciuti come fave d'Egitto.

9. Nelumbo *(Nelumbo nucifera Gaertner)*
Mosaico (particolare). Napoli, Museo Archeologico Nazionale.

LE PIANTE MEDICINALI

Anche se può apparire strano, nell'antica medicina venivano utilizzati sia gli animali che le piante: di queste ultime erano usate tutte le parti. La farmacopea moderna ha in taluni casi confermato la validità dei principi attivi contenuti in esse, in altri ne ha verificato l'inefficacia.

Ad esempio, l'acido salicilico con cui è costituita la comune aspirina, è abbondantemente contenuto nel salice, che gli antichi usavano in impacco per curare i dolori reumatici.

La digitalina, ancora oggi utilizzata per le malattie cardiache, è tratta dalla digitale, con cui in antico si curavano gli attacchi di angina. Il decotto di semi di papavero per combattere l'insonnia, gli impacchi di lattuga per lenire il mal di denti e quelli di semi di lino per risolvere le bronchiti, per citarne solo alcuni, erano rimedi in uso ancora qualche decennio fa nelle nostre campagne, che trovano una giustifica nei principi attivi in essi contenuti, combinati, ad esempio, con l'effetto del calore.

In altri casi, invece, sono evidenti le componenti magiche o superstiziose: Plinio, ad esempio, mentre critica l'eccessiva credulità dei suoi antenati, tramanda a sua volta credenze, che hanno poi trovato posto nelle tradizioni popolari ancora in tempi non troppo lontani.

In gran parte dei casi, nella composizione di una medicina entravano un gran numero di ingredienti, che venivano posti a macerare nel vino, la cui parte alcolica costituiva la base estrattiva dei principi attivi contenuti in essi. Una complessa preparazione costituita da un gran numero di componenti ed attribuita per tradizione a Mitridate, si è tramandata per secoli con il nome di teriaca ed ancora a fine '800 era preparata nell'Abbazia di Casamari.

Si intende dare qui di seguito un esempio delle piante tra quelle a noi più note, utilizzate in antico in medicina.

1. Quercia *(Quercus pubescens L.)*
Foglie, corteccia e ghiande erano utilizzate per sfiammare accessi e suppurazioni. Il decotto in fomento toglieva il torpore agli arti, mentre la radice rendeva inefficace il veleno dei serpenti (Pl., *N.H.*, XXIV, 7).

2. Fico *(Ficus carica L.)*
Il lattice era ritenuto utile per curare le verruche. Le foglie e i fichi immaturi avevano proprietà emollienti. Con i fichi secchi si curava il mal di gola. Le ceneri sciolte in acqua e in olio si usavano contro il tetano, le convulsioni e le fratture (Pl., *N.H.*, XXIII, 63-64).

3. Cotogno *(Cydonia oblonga L.)*
Le cotogne cotte nel vino e mescolate a cera, usate in impacco facevano ricrescere i capelli. Il succo di cotogne crude giovava alle malattie della milza, all'idropisia, alle varici. Cotte ed applicate in impacco guariva

4. Vite *(Vitis vinifera L.)*
A parte l'uso del vino, per la preparazione dei cosiddetti vini medicati, della vite venivano usate un po' tutte le parti: con l'uva raccolta ancora immatura si preparava l'agresto, ritenuta efficace contro le infezioni dell'apparato orale. L'uva passita entrava nella composizione della teriaca, i vinaccioli curavano il mal di stomaco, così come l'aceto (Pl., *N.H.*, XXIII, 2 e segg.).

5. Asaro *(Aristolochia rotunda L.)*
Utile contro i disturbi di fegato, risolveva anche l'itterizia e le malattie dello stomaco e dell'utero. Unito al vino era un efficace diuretico (Pl., *N.H.*, XXI, 78).

6. Partenio *(Matricaria parthenium L.)*
Era utilizzato per curare i disturbi mestruali e i dolori uterini. Era usato anche per curare la colica, l'isterismo e per arrestare il latte nelle donne (Pl., *N.H.*, XXII, 20).

7. Papavero *(Papaver rohеas L.)*
Per dormire bisognava consumarne i semi tritati in latte. Gli stessi semi, triturati e macerati in olio di rose, curavano il mal di testa e il mal d'orecchi. In impacchi con aceto erano usati per rimarginare le ferite o per guarire dal fuoco sacro (Pl., *N.H.*, XX, 76).

8. Amenti di salice *(Salix caprea L.)* (Pl., *N.H.*, XXIV, 37-38).

9. Maggiociondolo *(Laburnun anagyroides L.)*. I semi di questa pianta sono velenosi: in antico entravano nella composizione del Mitridate, una pozione composta di veleni e controveleni, mescolati insieme per abituare il fisico a sopravvivere agli avvelenamenti.

10. Platano *(Platanus orientalis L.)*
Affresco (particolare). Pompei, Casa del Bracciale d'Oro.
Sull'introduzione del platano orientale in Italia abbiamo le notizie diffuse dallo stesso Plinio che nella *Naturalis Historia* racconta come fosse stato introdotto nelle Isole Tremiti dai Greci, per poi passare nell'Italia peninsulare dove fu portato da Dioniso il Vecchio tiranno di Siracusa per ornare la palestra nella sua dimora di Reggio, secondo poi un uso che invalse anche nel mondo romano, come dimostrano i calchi delle radici rinvenuti a Pompei.
Di qui il platano fu portato in Sicilia, risalì l'Italia raggiunse il confine nord-orientale della Gallia (attuale Francia) al tempo in cui l'autore scriveva.

ni ornamentali, essendo il clima poco adatto per portare a maturazione i frutti.

Sempre nelle scene nilotiche è frequente la rappresentazione del nelumbio, o fior di loto, probabilmente introdotto in Italia come pianta da giardino, anche se i suoi semi, noti come fave d'Egitto, avevano una notevole valenza medicinale.

Egualmente a scopo decorativo fu introdotto il platano proveniente dalla Grecia (Pl., *N.H.*, XII, 3,6): ripetutamente raffigurato per il suo valore simbolico legato al superamento delle difficoltà nella vita, era effettivamente coltivato tanto da essere raffigurato nell'affresco che ricorda gli scontri tra nocerini e pompeiani Inoltre, ne sono state ritrovate le cavità delle radici, di cui si sono rilevati i calchi, nella *Regio* II e di un'impronta di foglia a Stabia (fig. 10).

Caso di più dubbia interpretazione è quello dell'oleandro: è questa, infatti, una specie diffusa spontaneamente nel Sud dell'Italia lungo le fiumare. Non abbiamo oggi elementi per verificare se in antico lo era anche in area vesuviana, ma che fosse effettivamente coltivato lo dimostra il fatto che ne sono stati trovati i pollini e le impronte delle foglie impresse nella cenere (figg. 11-12). Gli affreschi non danno però solo informazioni delle specie spontanee o acclimatate dell'ambiente vesuviano, ma anche su quelle varietà che con incroci successivi venivano selezionate per la loro bellezza, o, nel caso di piante alimentari, per la produtti-

11. Oleandro *(Nerium oleander L.)*
Affresco (particolare). Pompei, Casa del Bracciale d'Oro.

12. Oleandri nel letto del Raganello in Calabria
L'oleandro è forse una delle piante più spesso raffigurate negli affreschi pompeiani. Allo stato di natura esso ancor oggi ravviva in estate le aride fiumare calabresi, inondandole con il loro colore che spicca sulle bianche pietre del letto completamente asciutto: chi ha goduto di questo spettacolo di straordinaria bellezza stenta a ritrovarne il fascino negli esemplari coltivati. Ciò accade un po' per tutte le specie che viste nel loro contesto naturale al massimo del fulgore appaiono quasi diverse se coltivate.

vità, per la precocità o per la bontà dei loro prodotti.

Tra le piante ornamentali selezionate per la loro decoratività sono da segnalare l'edera variegata (fig. 13) e le rose, raffigurate a più petali e quindi in forme coltivate, essendo quella spontanea a soli cinque petali: tra di esse la rosa *versicolor*, la cui epoca di selezione, ritenuta fino ad ora molto più recente (XII sec.), viene retrodatata proprio dall'iconografia pompeiana (fig. 14).

Se per le piante ornamentali la ricchezza di varietà era importante, lo era ancor di più per le piante alimentari.

Nei tempi più remoti la disponibilità di specie eduli in un territorio era strettamente legata a quanto la natura offriva spontaneamente: ciò da una parte rendeva molto più limitato il numero degli alimenti disponibili, dall'altra li rendeva strettamente dipendenti dall'andamento stagionale. È il motivo per cui la carestia era una vera e propria calamità, che induceva a consumare cibi per noi inconcepibili: la farina di ghiande, ad esempio, e financo i topi, per citare qualche animale.

Ed è in fondo lo stesso motivo per cui erano considerate "sacre" alcune specie come, ad esempio, l'olivo e la vite, tanto che l'abbattimento di un solo esemplare comportava nelle colonie della *Magna Graecia* la pena di morte, così come prescritto nella tavole di Eraclea ritrovate in Lucania.

Con l'accentuarsi degli scambi commerciali in epoca romana e soprattutto al tempo della massima espansione territoriale dell'Impero nuove specie vennero importate dai paesi conquistati e diffuse in tutte le contrade dell'Impe-

13. Edera variegata *(Hedera helix* L. var. *variegata)*
Affresco (particolare). Pompei. Casa del Bracciale d'Oro.
Anche l'edera nella Casa del Bracciale d'Oro è rappresentata nella forma normale e in quella ibrida cosiddetta variegata.
La grande accuratezza naturalistica con cui gli affreschi del Bracciale d'Oro sono stati realizzati e il gran numero di specie raffigurate ha fatto avanzare l'ipotesi che il proprietario coltivasse piante coronarie. quelle piante, cioè, che entravano nella composizione delle corone utilizzate a scopi votivi. nel qual caso era importante l'attribuzione simbolica della specie. o a scopi curativi. e in questo caso prevaleva ad esempio l'intensità del profumo sprigionato.

14. *Rosa gallica* L. var. *versicolor*
Affresco (particolare). Pompei. Casa del Bracciale d'Oro.
Il numero di varietà di rose che fin dai tempi greci venivano selezionate per produrne a più petali o di profumo sempre più intenso è veramente enorme.
Già in antico. ad esempio. le rose campane erano particolarmente apprezzate per il profumo.
Tra le varietà derivate in origine dalle rose galliche. in natura a soli cinque petali, si è a lungo ritenuto che la *versicolor* fosse stata selezionata in epoca molto più tarda. nel XII per ricordare l'amante di Enrico II. Rosmunda. tanto da darle il nome di *Rosa mundi*: gli affreschi della Casa del Bracciale d'Oro dimostrano. invece. come fosse già conosciuta nel 79 d.C.

ro: l'olivo così riuscì a risalire l'Italia fin verso il lago di Garda, dove vi erano le condizioni microclimatiche adatte alla sua coltivazione per poi passare in Gallia e in Spagna, mentre (fig. 15) diversi vitigni arrivarono fin nella valle del Reno, che ancora oggi produce apprezzati vini (fig. 16). Gli affreschi di Pompei ci aiutano di fatto a definire, quindi, l'epoca in cui alcune specie furono introdotte, talora riservando, anche in questo caso, delle sorprese.

La più eclatante è quella del limone, importato probabilmente per le sue proprietà medicinali. Fino a quanche decennio fa si riteneva che fosse stato introdotto in Campania dagli Arabi, ma esso è inequivocabilmente raffigurato in un affresco della Casa del Frutteto: la sua coltivazione nel 79 d.C. doveva esse-

15. Vite *(Vitis vinifera L.)*
Affresco (particolare). Pompei, Casa del Bracciale d'Oro.

16. Olivo *(Olea europea L.)*
Coppa in argento. Napoli, Museo Archeologico Nazionale.
La vite e l'olivo, insieme ai cereali, costituiscono le specie che si sono rilevate determinanti per la nascita e lo sviluppo della nostra civiltà.

17. Limone *(Citrus limon L.)*
Affresco. Pompei, Casa del Frutteto.
Il limone fu importato dalla Media: Plinio racconta che per favorirne l'attecchimento le piantine venivano allevate in vasi forati nei paesi d'origine per poi essere trasportati in Italia, dove erano trapiantati in piena terra. I frutti erano usati per le loro proprietà medicinali, in particolare antisettiche.

LE PIANTE CORONARIE

Tra i cicli pittorici della casa dei Vettii vi è quello dei cosiddetti Amorini coronari: essi sono raffigurati mentre raccolgono e trasportano fiori con cui confezionano lunghe ghirlande.
Nel vivere quotidiano le corone e le ghirlande avevano molteplici funzioni: esse non erano solo votive o celebrative, ma anche curative.

Era tale la loro importanza che Plinio dedicò alle piante coronarie il XXI volume della Naturalis Historia: per le corone celebrative e per quelle votive la scelta veniva fatta tenendo conto del significato simbolico della specie, per le curative prevaleva invece la vera o presunta proprietà lenitiva.
In realtà quest'ultima pratica che può apparirci quanto mai curiosa trova oggi un suo riscontro nella "aromatoterapia", sempre più diffusa tra le cosiddette medicine alternative.

1. Elicriso *(Crysanthemum coronairum L.)*
Particolare di affresco. Pompei. Casa del Bracciale d'Oro. I fiori "fulgidi come l'oro quando i raggi del sole li colpiscono" erano usati per fare ghirlande da donare agli dei. Era utilizzato in medicina contro le infiammazioni (XXI, 9,6,169).

2. Vilucchione *(Calystegia silvestris L.)*
Particolare di affresco. Pompei. Casa del Bracciale d'Oro.

3. *Calendula arvensis.*

4. Ciclo degli Amorini Coronari
Pompei. Casa dei Vettii. Tra i cicli pittorici della Casa dei Vettii vi è quello dei cosiddetti Amorini Coronari: essi sono raffigurati mentre raccolgono e trasportano fiori con cui confezionano poi lunghe ghirlande.

5. Rosa canina *(Rosa arvensis L.)*.

6. Nigella *(Nigella damascena L.)*.

7. Viola *(Viola arvensis L.)*.

8. Violacciocca *(Mattiola incana L.)*.

9. Gittaione *(Agrostemma githago L.)*.

10. Leucanthemum vulgare *(LAM.)*.

re però ancora molto recente, tanto da non esserci ancora una produzione di frutti tale da permettere di ritrovarne i semi nel terreno (fig. 17). Egualmente molto recente doveva essere l'importazione dell'albicocco dall'Armenia (Pl. *N.H.*, XV,11,39) (fig. 18).

Più retrodatata è invece quella del pesco, dalla Persia, avvenuta anch'essa per scopi medicinali. Il suo frutto è raffigurato in un affresco proveniente dalla Casa di Giulia Felice, cui non a caso era annesso un vasto frutteto. Era sicuramente coltivato sia nei piccoli orti urbani che nelle proprietà extraurbane: il ripetuto ritrovamento su vasta scala di noccioli e di legni ne attesta la diffusione (fig. 19). In particolare la sua coltura assunse forse una particolare rilevanza in una villa rustica di Scafati, dove probabilmente si producevano pozioni medicinali.

Egualmente a scopo prevalentemente medicinale era coltivato il melograno, sicuramente importato dalla Grecia dai coloni che occuparono le terre del nostro meridione. Simbolo di eternità, così come tutti i frutti con un gran numero di semi era sacro ad Era: a Paestum, ma anche in altre colonie della *Magna Graecia* ne sono state ritrovate anche riproduzioni votive in terracotta (figg. 20-21).

Il ciliegio fu, invece, importato da Lucio Lucullo nel 74 a.C. dal Ponto, per essere poi esportato verso il centro Europa, fino in Britannia, conquistata dai Romani nel 43 d.C. (Pl., *NH.* XV, 30,102).

Si conoscevano diverse varietà di ciliegio ma era ritenuta particolarmente

18. Albicocco *(Prunus armeniaca L.)*
Affresco. Napoli, Museo Archeologico Nazionale.
Secondo Plinio dall'Asia, 30 anni prima, fu importato l'albicocco (*N.H.* 15,11,40), il cui frutto è, probabilmente qui raffigurato: lo suggeriscono il suo colore e la forma piuttosto ovale della foglia, diversa da quella lanceolata del pesco.
Le albicocche, all'epoca, venivano vendute a 1 denario l'una soprattutto per la loro esoticità.

19. Pesco *(Prunus persica (L.) Batsch)*
Affresco (particolare). Napoli, Museo Archeologico Nazionale.
Il pesco fu introdotto dal Medio Oriente soprattutto per le sue proprietà medicinali: Plinio parla di diverse varietà e soprattutto del grande valore commerciale dei frutti (*N.H.* 15, 11,40) che erano pagati ben 30 monete ciascuno. Il motivo di un costo così alto è spiegato con l'estrema deperibilità del prodotto: considerata la piccola taglia dell'albero, l'alto valore commerciale dei suoi frutti e la necessità di un passaggio molto rapido dal produttore al consumatore, si comprende come la sua coltura ben si adattasse ai piccoli orti urbani.

20. Gallo e melograno *(Punica granatum L.)*
Affresco (particolare). Napoli, Museo Archeologico Nazionale.

pregiata quella campana, identificata come "duracina" e probabilmente assimilabile a quella da noi chiamata "durone" (fig. 22).

È proprio il gran numero di varietà di alcune specie fruttifere raffigurate negli affreschi a rendere conto di come si tendesse a migliorare le specie, fossero anch'esse sicuramente autoctone come il fico: di questi ne sono riconoscibili, ad esempio, ben cinque varietà (fig. 23) e ancora, otto di pere (figg. 24-25), tre di mele (fig. 26) e due di susine (fig. 27).

Alcune di esse erano diffuse nelle nostre campagne ancora fino a qualche decennio fa, soppiantate da quelle attuali più produttive o talvolta solo più appariscenti.

La loro perdita, così come di tutte quelle specie che giornalmente vanno sparendo nel mondo, costituisce un gravissimo danno per l'evoluzione biologica e giustifica quanto oggi nel mondo si cerca di fare in difesa della biodiversità (figg. 28-30).

21. Madonna del Granato
Capaccio Vecchia, Salerno.
Rappresentato frequentissimamente negli affreschi pompeiani, il melograno era già coltivato nelle colonie della *Magna Graecia*. Una straordinaria continuità ha fatto sì che, dedicato ad Era nell'antica *Paestum*, rimanesse poi legato al culto della Madonna del Granato, a Capaccio Vecchia, la cittadina che intorno all'XI sec. fu fondata nei pressi di Paestum dai profughi, discendenti degli abitanti della città greca, abbandonata per impaludamento.

22. Ciliegio *(Prunus avium L.)*
Affresco. Pompei, Casa del Frutteto. L'introduzione del ciliegio in Italia è perfettamente datata da Plinio. Egli racconta che fu portato a Roma da Lucio Lucullo intorno al 74 a.C., per poi seguirne la diffusione fin alla Britannia. Se ne conoscevano diverse varietà, tra cui una campana particolarmente pregiata (*N.H.*, XV, 31, 102 e segg.).

23. Fico *(Ficus carica L.)*
Affresco (particolare). Pompei, Casa del Frutteto. Plinio enumera ben 29 diverse varietà di fichi, tra cui quella pregiata di Ercolano. Narra pure della sua esportazione in Africa come fatto, all'epoca, recente (*N.H.* XV,19,69 e segg.).

24. Varietà di fichi
Affresco. Napoli, Museo Archeologico Nazionale.

25. Pero *(Pyrus communis L.)*
Affresco. Pompei, Casa del Frutteto.

26. Varietà di pere
Affresco (particolare). Napoli, Museo Archeologico Nazionale.
Il pero, a giudicare dal gran numero di varietà raffigurate, doveva essere certamente tenuto in gran conto. Plinio ne cita 41 e sono assimilabili ad altret-

tante varietà ancora coltivate nelle nostre campagne negli anni '50. Le varietà di specie fruttifere di solito prendevano nome dall'agricoltore che le aveva create tramite innesto o dalla località di produzione, più raramente da una particolare caratteristica quale forma, colore o periodo di maturazione.

27. Mela *(Malus domestica Borkh.)*
Affresco (particolare). Napoli, Museo Archeologico Nazionale. I meli erano tra gli alberi fruttiferi più diffusi: col tempo ne furono selezionate diverse varietà di cui una, l'appiana, dal nome di Appio, membro della famiglia Claudia che ne fece l'innesto. Tra le mele raffigurate si vuole sia identificata anche la cosiddetta "mela annurca" pregiata qualità campana, che si vuole fosse coltivata intorno Pozzuoli.

28. Pruno *(Prunus domestica L.)*
Affresco. Pompei, Casa del Frutteto. Splendida è la raffigurazione dell'albero di susine su di una delle pareti della Casa del Frutteto. Esso, così come un po' tutte le piante, era utilizzato in diverse sue parti: con le foglie si curavano le affezioni delle prime respiratorie, dei frutti erano riconosciuti, come ancora oggi, gli effetti lassativi.

29-30. Tavole con diverse varietà di frutti
Napoli, Biblioteca Nazionale, Sez. manoscritti. Il confronto delle varietà di alberi da frutta coltivate in epoca romana nell'area vesuviana con quelle ancora diffuse nell'800 mostra una continuità nello sforzo di selezione, a tutto vantaggio della qualità: tale processo oggi si è interrotto per favorire una selezione ridotta ai soli aspetti quantitativi.

IL PAESAGGIO

Non è facile oggi, immaginare il paesaggio vesuviano di duemila anni fa. Ancor prima degli effetti della devastante urbanizzazione degli ultimi cinquant'anni fu proprio l'eruzione del 79 a cambiare profondamente l'aspetto della piana vesuviana, rendendola di fatto irriconoscibile agli stessi abitanti del tempo.

Le emissioni piroclastiche furono di tale portata da riempire le valli, deviare il corso del fiume, spostare in avanti la linea di costa.

Lo stesso vulcano perse nell'esplosione la forma monocipite raffigurata nell'affresco del larario della Casa del Centenario per acquisire quella oggi a noi nota, formata da due cime (figg. 1-2).

È proprio quest'ultimo affresco a darci un'idea dell'antico paesaggio vesuviano, dominato da un alto monte, di cui non si conosceva la natura vulcanica, coltivato a viti sulle pendici e ricoperto di selve sulla sommità. Il fiume Sarno attraversava la piana vagando in pigri meandri orlati di vegetazione per poi sfociare in mare, lungo le spiagge orlate di dune: per il suo scorrere in ampie spire, tipiche dei fiumi "maturi", che hanno, cioè, perso il loro carattere torrentizio, era chiamato anche Dragone (fig. 3).

1. Bacco e il Vesuvio
Affresco. Napoli, Museo Archeologico Nazionale
Questo affresco era nel Larario della Casa del Centenario, così chiamata proprio perché scavata in occasione delle celebrazioni per ricordare i milleottocento anni trascorsi dall'eruzione del 79 d.C.: il monte che vi è raffigurato, coltivato a viti sulle pendici e ricco di selve sulla sommità, è considerato la più antica rappresentazione del Vesuvio, oggi a due cime proprio per effetto dell'eruzione del 79 d.C.

2. Il Vesuvio come è oggi
L'eruzione del 49 determinò la distruzione della parte sommitale del vulcano e la formazione di una caldera sul cui fondo si formò l'attuale cono.

L'analisi comparata dei dati iconografici, bibliografici e dei reperti permette di ricostruire gli elementi salienti del paesaggio vesuviano del 79.
In un ideale viaggio dal mare verso la cima di quello che allora si riteneva il monte Vesuvio la vegetazione mutava al variare degli orizzonti.
Lasciate le spiagge solcate dai rami del delta del Sarno, orlato di estesi canneti si camminava all'ombra dei pini che allignavano sui terreni retrodunali (figg. 4-5).

3. Larario del Sarno. Affresco
Pompei, Casa del Larario del Sarno. La tradizione vuole che questo affresco votivo raffiguri il fiume Sarno, rappresentato come un vecchio a simboleggiare la maturità del fiume, che elargisce beneficamente le sue limpide acque. Una barca risale pigramente il corso trasportando, secondo la tradizione di alcuni, cipolle, produzione orticola di gran pregio dell'area vesuviana.

4. Ricostruzione ambientale della fascia dunale a ridosso della foce del Sarno
Boscoreale, Antiquarium Nazionale. Questa e le successive sono ricostruzioni ambientali, fatte sulla scorta dei dati archeologici e naturalistici, dei più comuni habitat che caratterizzavano l'area vesuviana nel 79 d.C. In questo tratto, la vegetazione era composta prevalentemente da estesi canneti sovrastati da grandi pini, mentre sulle dune allignavano piante erbacee ed arbustive ben adattate alle caratteristiche di forte insolazione ed alta salinità dei luoghi: un gran numero di uccelli stanziali e di passo nidificava tra le piante.

L'importanza che i pini avevano nell'economia e nelle tradizioni locali è testimoniata dalle numerosissime rappresentazioni e dai ripetuti ritrovamenti.

La pianura nelle parti più basse ed umide ospitava soprattutto colture di piante tessili; lungo le sponde del fiume, allora navigabile, vi era una fitta vegetazione ripariale, in cui nidificavano uccelli stanziali e di passo, caratterizzata dalla presenza di salici e grandi pioppi, da cui il toponimo locale di Pioppaino.

Lungo le gore si cercava di guadagnare i terreni alle esondazioni piantando cipressi, specie utile per le sue caratteristiche a bonificare gli acquitrini (figg. 6-8). Negli immediati dintorni della città vasti orti fornivano ogni giorno il mercato di verdura fresca: l'assenza di sistemi di refrigerazione e problemi di viabilità rendevano necessaria la loro vicinanza alla città per evitare il deperimento delle derrate.

Man mano che ci si allontanava dall'umidità delle bassure, sulle pendici assolate e ventilate venivano ospitate colture privilegiate quali quelle viticole e cerealicole: i campi di frumento ed orzo erano talora punteggiati di alberi da frutta, mentre le pendici dei Lattari, che chiudono ad est la pia-

5. Pino *(Pinus pinea L.)*
Affresco (particolare). Napoli, Museo Archeologico Nazionale. Le pigne, così come tutti i frutti che producono numerosi semi, indicavano simbolicamente l'abbondanza e il rinnovarsi della vita. A fini beneaugurali, in antico esse venivano poste in fossette votive stivate nelle fondamenta della casa, mentre ai giorni nostri vengono consumate nei giorni tra Natale e Capodanno. Del pino, oltre le pigne, era utilizzato il legno nella carpenteria navale, la resina estratta attraverso la corteccia per impermeabilizzare le anfore e i rami che, affascicolati insieme, formavano le cosiddette "tede" usate per l'illuminazione. Tutte le part idella pianta avevano poi diversi usi in medicina.

6. Ricostruzione ambientale di un tratto del medio Sarno
Boscoreale. Antiquarium Nazionale. Viene illustrata la vegetazione del tratto interessato ai tentativi di bonifica compiuti qualche anno prima dell'eruzione lungo un tratto del corso del fiume Sarno. I tronchi dei cipressi utilizzati per tale opera sono stati ritrovati ancora in situ qualche anno fa in un ottimo stato di conservazione. Il boschetto artificiale mostra come già fosse invalso l'uso della monocoltura, in questo caso giustificato dalla necessità di favorire la formazione sul terreno semipaludoso di uno strame di radici, rami, foglie e conidi di cipressi lentamente marcescenti e quindi idonei a raccogliere materiali vegetali di riporto utili ad innalzare il livello del terreno. La vegetazione spontanea era invece caratterizzata da specie ripariali (pioppi, salici) e, nell'acqua, fluviali. Anche qui ovviamente era molto ricca l'avifauna.

7. Vegetazione ripariale sulle rive dell'Ofanto (Lucania)
I paesaggi ancora incontaminati permettono di immaginare alcuni habitat dell'antico territorio vesuviano.

8. Cipresso *(Cupressus sempervirens L.)*
Affresco (particolare). Napoli, Museo Archeologico Nazionale. Secondo Plinio (*N.H.* XVI, 60,141) fu introdotto a Taranto dall'isola di Creta. Il valore del cipresso quale simbolo di eternità si è mantenuto intatto fin dal mondo greco: probabilmente ad avvalorare tale leggenda ha contribuito il fatto che il suo legno è particolarmente duraturo, anche in condizioni di forte umidità, tanto da essere usato dagli Egizi per fabbricare le casse che dovevano contenere le mummie. Varrone, poi, ne racconta l'uso, invalso in area vesuviana, per delimitare le proprietà. Recentemente le cavità lasciate dalle radici di alcuni cipressi sono stati ritrovati nel recinto funerario di una tomba della necropoli di Porta di Sarno, a testimonianza di una straordinaria continuità di simbolismo giunto intatto fino ai nostri giorni.

LE PIANTE TESSILI E DA INTRECCIO

1. Parca con fuso
Affresco. Napoli, Museo Archeologico Nazionale.

*Le fibre tessili avevano grande importanza nel mondo antico: esse erano utilizzate non solo per il vestiario, ma anche per la tappezzeria e per fabbricare vele, reti da pesca e cordami.
Tra le fibre tessili quelle di origine vegetale erano le più numerose: sicuramente nella piana vesuviana lungo le gore formate dal Sarno erano coltivate il lino e la canapa, di cui sono stati trovati reperti anche allo stadio vegetativo. La vicinanza del fiume era necessaria per apprestare le vasche in cui venivano immersi i fusti, che, una volta macerati, erano poi battuti in maniera da liberare le fibre. Con ripetuti lavaggi, per i quali venivano utilizzati cenere o radici di saponaria, queste erano poi*

ammorbidite e sbiancate, pronte per essere filate e tessute. La coltivazione di lino e di canapa in zona si è mantenuta per secoli, fin quando i luoghi non vennero bonificati, a partire dal 1500, soprattutto per motivi di igiene.
Di una locale coltivazione del cotone in epoca romana non vi sono tracce: probabilmente esso veniva importato.
Molto diffuso era anche l'uso della ginestra, il cui filato somigliava a quello del lino.
Tra le piante tessili in senso lato va annoverato l'uso di altre piante spontanee, quali lo sparto, per fabbricare le suole di scarpe leggere, antesignane delle "espadrilles" spagnole, e i giunchi e i carici, con cui venivano intrecciate le stuoie.

2. Ginestra in fiore
La fibra di ginestra è ancora oggi tessuta in qualche laboratorio artigianale della Sila Greca.

3. Palma di S. Pietro *(Chamaerops humilis L.)*. È l'unica palma spontanea della nostra flora: una volta abbondante, era usata per intrecciare stuoie, canestri e sporte.

4. Cardo dei lanaioli *(Dipsacus fullonum L.)*. Il capolino secco del cardo era usato per "cardare" la lana.

na vesuviana, erano coltivate principalmente a olivi, coltura quest'ultima, adatta alla natura calcarea di quei terreni. I campi si alternavano a terreni pascolativi, essendo in uso la rotazione dei terreni. Erano questi i luoghi dove più diffusa era la presenza delle "ville rustiche", vere e proprie case di campagna con quartieri patronali, quartieri servili ed apparati per la conservazione e/o la trasformazione dei prodotti dei campi (figg. 9-10).

I coltivi verso la sommità dei mon-

9. Ricostruzione ambientale della fascia collinare vesuviana
Boscoreale, Antiquarium Nazionale. È riproposto un angolo della cosiddetta "Villa Regina" ritrovata in località Boscoreale. I dati di scavo hanno indicato la coltivazione di viti ed alberi da frutta vicino all'edificio, mentre l'analisi dei pollini ha rivelato la presenza di estesi campi di cereali negli immediati dintorni. Le ville rustiche erano case di campagna più o meno grandi, comprendenti talora appartamenti padronali riccamente decorati, con annesse vaste proprietà agricole. In esse vi erano anche quartieri servili, apparati per la trasformazione dei prodotti (macine, torchi vinari ed oleari) e locali per l'immagazzinamento delle derrate solide e liquide. Solitamente facevano parte delle proprietà agricole anche vasti lembi di boschi, che, oltre a fornire materia prima per gli usi quotidiani (legno soprattutto), ospitavano maiali allevati allo stato brado per permetterne l'incrocio con i cinghiali.

10. Scena pastorale
Affresco. Pompei, Casa dei Vettii.
In uno degli affreschi della Casa dei Vettii sono raffigurati alcuni tipici elementi dell'attività agricolo-pastorale: accanto all'asinello e ad alcune ricotte racchiuse nel loro panierino di giunco, così come ancora si soleva fa-

11

ti confinavano con le foreste miste con forte dominanza di querce: era in questa fascia che di solito venivano allevati allo stato brado maiali per permettere l'incrocio con i cinghiali ed ottenere così carni particolarmente apprezzate (figg. 11-12).

I querceti trapassavano poi nelle faggete pure, abitate da cervi e caprioli: il ricordo di queste grandi foreste di faggi è nel toponimo Faito, una delle cime del complesso calcareo dei monti Lattari. Grande diffusione aveva anche l'abete bianco, oggi relegato sull'Appennino, che costituiva una delle essenze più usate in carpenteria. Una siffatta descrizione del paesaggio vesuviano del 79 non ha in realtà solamente una funzione di ricordo estetico.

re nelle nostre campagne fino a qualche decennio fa, sono raffigurati degli asparagi. La grossezza del turione fa pensare ad una varietà coltivata ottenuta da selezione, essendo gli asparagi selvatici molto più sottili: del resto Plinio, ma anche Columella, trattano lungamente della coltivazione dell'asparago che, oltre ad essere considerato un ottimo alimento, era ampiamente utilizzato in medicina. Con il turione, infatti, venivano curati i disturbi dell'apparato digerente, con i semi o con le radici la lombaggine: con quest'ultime si curava anche la lebbra. Per gli usi medicinali era comunque ritenuto più efficace l'asparago selvatico, secondo una regola valida ancora oggi per la medicina omeopatica.

11. Ricostruzione ambientale di un bosco misto sul Vesuvio
Boscoreale, Antiquarium Nazionale. Nella parte alta del Vesuvio si passava dal bosco misto di querce e faggi alla faggeta pura, che ospitava cervi e caprioli. Questi grossi mammiferi traevano il proprio alimento proprio dalle "faggiole" i frutti prodotti dai faggi: la loro presenza è testimoniata anche dai ripetuti ritrovamenti di corna e dalla frequenza con cui sono raffigurati nei graffiti, forse opera di bambini, ritrovati sui muri di Pompei.

LE PIANTE TINTORIE

Una volta preparati, i tessuti venivano poi colorati, utilizzando ancora una volta piante, questa volta tintorie. È interessante notare come, a seconda delle fibre da tingere e del mordente usato, di solito allume di potassio, parti diverse di una stessa pianta potevano fornire colori diversi. Il bagno colorante veniva preparato mettendo a bollire acqua e ammoniaca (in realtà veniva utilizzata uri-

1. Malvone *(Althea rosea L.)*
Con i fiori secchi si tingeva la lana in rosa, con le foglie in verde.

2. Fullonica di Stephanus
Pompei in via dell'Abbondanza. L'impianto di vasche fa parte di una più ampia bottega in cui i tessuti venivano apprettati e tinti.

La tessitura, invece, a giudicare dal diffuso ritrovamento di pesi da telaio, era prevalentemente ancora un'attività casalinga. I telai usati erano di tipo verticale e con essi si realizzavano anche complessi intrecci di orditi e trame, come testimonia lo studio condotto sui frammenti dei tessuti carbonizzati ritrovati.

na) con le parti delle piante utili per ottenere il colore desiderato e il tessuto da tingere: ad esempio, per tingere la lana di marrone era usata la corteccia d' acero e per il giallo le foglie, per ottenere il rosa antico la radice dell'ancusa e per il verde i fiori freschi di camomilla.

3. Galla
Le galle sono escrescenze che si formano su alcune parti della pianta ad opera della puntura che certi insetti vi fanno per deporvi le uova. Le galle di quercia sono particolarmente ricche in tannino e venivano usate per tingere la lana e il cotone in color bronzo.

4. Cartamo *(Carthamus lanatus L.)*
Con i fiori si tingeva di giallo la lana.

5. Crespino *(Berberis vulgaris L.)*. La corteccia si usava per tingere la lana in giallo.

6. Amorini tessitori.

12

14

13

Infatti, le componenti che animavano il paesaggio vesuviano rappresentavano proprio quelle risorse ambientali che erano parte integrante dell'economia dei luoghi.

L'uomo del tempo era strettamente legato all'ambiente naturale in cui si muoveva, perché in esso doveva trovare una risposta alle sue esigenze del vivere quotidiano.

È il motivo per cui, fin dai tempi della preistoria gli insediamenti umani si svilupparono là dove c'era disponibilità di acqua dolce, di spazi buoni per essere coltivati e di selve atte a fornire legno e cacciagione.

Pompei, con i suoi fertili terreni, l'abbondanza delle limpide acque del fiume Sarno, le estesissime selve, il clima mite e la vicinanza del mare certamente era un luogo privilegiato (fig. 13).

Le produzioni stesse che resero la città celebre nel mondo, cioè quella della salsa di pesce nota con il nome di *ga-*

12. Rametto di quercia (*Quercus sp.*)
Frammento di affresco. Pompei. Casa di Fabio Rufo.
Le querce, soprattutto le roverelle, erano molto diffuse nei boschi che si inerpicavano lungo le colline fin sulla sommità dei monti. Così come per le altre essenze legnose, tutte le parti delle querce venivano utilizzate nei modi più diversi: il legno in carpenteria navale, le galle in conceria per il loro alto contenuto di tannino. Le ghiande, usate di solito come mangime per i maiali, ridotte in farina, costituivano anche un alimento di emergenza per gli uomini in tempo di carestia.

13. Paesaggio
Affresco. Pompei. Casa della Fontana Piccola. Il grande affresco che domina la parete sinistra del viridario secondo alcuni raffigura la città di Pompei lambita dal fiume nel tratto in cui questo si gettava in mare.

rum e del buon vino ebbero modo di nascere ed espandersi proprio per l'abbondanza delle materie prime. Per produrre il *garum*, infatti, non vi era solo necessità di pesce azzurro, che abbondava nel mare antistante la città, ma anche di sale per preparare la salamoia (fig. 14). Il sale, preziosissima merce di scambio, veniva prodotto nelle saline che si sviluppavano nei cordoni lagunari che si estendevano tra la città e il mare. Così come la pece vegetale, tratta dai pini che abbondavano lungo la costa, serviva per impermeabilizzare le anfore che dovevano ospitare il vino, che una volta poteva essere prodotto su larga scala non solo per la vastità dei terreni piantati a viti, ma anche per la possibilità di lavare facilmente e ripetutamente le anfore con acqua di mare, o comunque salata: operazione, questa, ritenuta indispensabile per una buona conservazione del prodotto (fig. 15). Le stesse canne che crescevano abbondantissime nel delta o lungo le sponde del fiume avevano molteplici usi: erano necessarie in campagna per reggere le piante, o per delimitare le aiuole, venivano utilizzate come armi nella caccia, ma soprattutto in edilizia. Esse, infatti, riunite in fascetti e poggiate a strutture in legno, venivano usate per costruire la struttura di base delle pareti e di piani ammezzati, su cui poi venivano stesi gli intonaci: le loro tracce sono rimaste bene impresse negli intonaci stessi (figg. 16-17).

D'altra parte, per la loro capacità di crescere e di riprodursi molto rapidamente, le canne permettevano di limitare l'uso del legno, che era fondamentale nella vita di ogni giorno: con il legno si costruivano case, navi, mac-

15

14. Pesce azzurro
Affresco (particolare). Napoli, Museo Archeologico Nazionale. Le grandi sarde raffigurate entravano, insieme ad altre specie che costituiscono il cosiddetto "pesce azzurro" nella preparazione del "*garum*" realizzato raccogliendo il liquido prodotto dalle parti di scarto del pesce immerse in salamoia.

15. Pompei. Regio II ins. 13
Le anfore, che dovevano poi contenere il vino, qualche tempo prima della vendemmia venivano lavate con acqua salata e poi messe ad asciugare capovolte. Il gran numero di esse trovate in tale posizione negli scavi dimostra tra l'altro che al momento dell'eruzione la vendemmia non era ancora stata fatta.

chine semplici, mezzi di trasporto, attrezzi meno nobili costituivano il necessario darsi. Era tale l'importanza del legno battimento degli alberi, così come era fisica delle diverse specie, che esse venda dell'uso cui erano destinate (fig. 18). esempio, era sfruttata per realizzare cardini e vano i mobili, con le querce e i pini le navi.

e tutto quanto era utile, mentre le parti combustibile per cucinare e per riscalche severissime leggi regolavano l'abtale la conoscenza delle caratteristiche nivano selezionate e lavorate a seconLa resistenza meccanica dell'olmo, ad parti di carro, con l'abete bianco si costruiUn'altra appariscente componente del paesaggio vesuviano, allora come oggi, era la ginestra: anch'essa costituiva una notevole risorsa in quanto forniva materia prima per la cesteria, legacci per l'agricoltura e un'apprezzata fibra tessile.

Di questo antico paesaggio vesuviano, al di là dei profondi rimaneggiamenti provocati dall'eruzione del 79 d.C., rimangono ben poche tracce.

L'armonico rapporto che vi era tra uomo ed ambiente ancora fino alla seconda metà dell'800 si è via via deteriorato per poi spezzarsi definitivamente negli anni '60 con l'esplodere dell'abusivismo edilizio.

Eppure, se si vuole coglierne qualche frammento, basta percorrere il sentiero lungo poco più di tre chilometri che, snodandosi lungo la cinta muraria a nord della città antica, attraversa un'area demaniale di circa 20 ettari. Si co-

16. Rosa con canna Affresco (particolare). Pompei, Casa del Bracciale d'Oro.

17. *Grillage*
Affresco (particolare). Napoli, Museo Archeologico Nazionale. Sono raffigurati due esempi piuttosto diffusi di uso della canna.

18. Processione dei falegnami
Affresco. Napoli, Museo Archeologico Nazionale. I falegnami costituivano una delle corporazioni dell'antica città di Pompei, a testimonianza del ruolo che avevano questi artigiani nella vita quotidiana della città.

19-20. Scorci del percorso *extramoenia*. Lungo la prima parte del sentiero appare chiaro lo spessore della coltre piroclastica che seppellì la città antica: esso corre, infatti, sull'attuale piano di campagna, mentre quello del 79 è alcuni metri più in basso, per cui si può dominare dall'alto gran parte dell'area archeologica.

20

glie qui il rapporto con il territorio, rimanendo sorpresi dalla ricchezza della flora spontanea che, scacciata dai dintorni dall'antropizzazione e dall'uso indiscriminato dei pesticidi, ha trovato rifugio negli ultimi duecenticinquant'anni proprio nei terreni demaniali dell'area archeologica (figg. 19-21).

21

21. Paesaggio al margine degli Scavi
Acquerello di A. Pisa. La ricca vegetazione spontanea che accompagna l'intero percorso è caratterizzata da vegetazione erbacea, arbustiva ed arborea: quest'ultima comprende alcuni spettacolari esemplari di pino ad ombrello e di roverelle, tutte già grandi quando si diede inizio agli scavi.

IL VERDE URBANO

Una volta nella descrizione di un paesaggio entravano anche le piccole città, i borghi, i castelli: erano essi nati in armonia con il paesaggio e proprio del paesaggio erano quindi parte integrante. Vive a tal proposito una vastissima iconografia che dal Medio Evo fino a parte dell'800 offrono scorci paesistici che includono il costruito, ma già Virgilio, nel II libro delle Georgiche descriveva magistralmente il paesaggio italiano: *"la coprono (l'Italia, n.d.r.) ulivi e lieti armenti. Qui c'è continua primavera ed estate in mesi che non le appartengono, due volte ingravida l'armento, due volte l'albero reca il frutto. Aggiungi tanti illustri ed opere d'arte, tanti castelli costruiti su rocce dirupate e fiumi scivolanti sotto antiche mura...."*

Oggi per noi questo concetto di paesaggio appare comprensibile solo allontanandoci dai grandi agglomerati urbani: dove la città si estende in maniera tentacolare esso non vive più nella completezza del suo significato.

Del paesaggio vesuviano del 79 faceva certamente parte Pompei : essa si ergeva su di uno sperone di roccia lavica che si affacciava su un'ampia spiaggia. Le chiome degli alberi più alti coltivati nei giardini e negli orti urbani sovrastavano i tetti svelando così la presenza di spazi verdi più o meno estesi: entrando in città ci si accorgeva però che le piante venivano coltivate anche sui balconi e ballatoi, talvolta in maniera così fitta da dare un'impressione di "foresta" come racconta lo stesso Plinio (*N.H.* 15,14,47).

Era, questo, un paesaggio urbano che trova riscontro in numerosissime rappresentazioni che, pur non riflettendo con certezza uno scorcio di Pompei, ben descrivono una realtà comunque diffusa (fig. 1).

I giardini racchiusi negli alti muri dell'antica Pompei costituiscono uno straordinario patrimonio perché da un lato testimoniano in maniera unica la distribuzione del verde all'interno di una città di

1. Paesaggio urbano
Affresco. Pompei, Casa di Marco Lucrezio Frontone.
In parecchi quadretti che decorano in maniera centrale le pareti affrescate di molte case di Pompei sono raffigurati paesaggi architettonici danno un idea di come dovesse apparire la struttura urbana delle città. Le case forse più ricche si affacciavano sul mare con terrazze sistemate ad ampi prati. Sullo sfondo le chiome degli alberi sovrastavano le case lasciando intuire la presenza di numerosi spazi verdi.

2000 anni fa, dall'altra i criteri di reimpianto nel corso dei duecentocinquanta anni di attività di scavo sono entrati nella storia del restauro dei giardini pompeiani nel corso dei secoli.

La città, racchiusa tra le sue mura, si estendeva per 66 ettari: 8 porte e altrettanti assi viari la mettevano in comunicazione con il territorio circostante. Il fiume Sarno, navigabile al tempo come già ricordato, permetteva ai suoi abitanti di intrattenere scambi commerciali con l'interno, mentre il mare la metteva in comunicazione con l'intero bacino mediterraneo.

Il clima favorevole, la grande disponibilità di risorse ambientali facevano sì che la città vivesse una vita varia ed animata atta a svolgere arti e mestieri diversi, che investivano i diversi ceti dei suoi abitanti (fig. 2).

Di questa città oggi sono scoperti circa i due terzi: non è stato ancora riportato alla luce il settore nord-est.

Gli scavi fin qui effettuati hanno evidenziato circa 450 aree a verde di diverse dimensioni distribuiti più o meno in maniera eterogenea: nelle *Regio* I e II, cioè nel lato sud-ovest della città sono concentrati gli spazi più ampi, che le tecniche di scavo, coadiuvate da nuovi metodi di analisi, hanno restituito nella loro destinazione d'uso.

Evidentemente erano quelli i quartieri periferici che al momento dell'eruzione subivano una trasformazione

2. Scena di vita nel Foro
Affresco. Napoli, Museo Archeologico Nazionale. Una vivace scena di mercato nella piazza del Foro. Pompei, come tutte le città di mare, era centro di intensi scambi commerciali con gli altri paesi rivieraschi.

3. Viridario
Pompei, Casa dei Vettii. Lo scavo stratigrafico del giardino della Casa dei Vettii nel 1883 permise per la prima volta di rilevare l'intreccio di vialetti ed aiuole: nella ricostruzione del viridario tale impianto fu rispettato, tanto da arrivare intatto fino ai nostri giorni, mentre le specie da mettere a dimora furono scelte tra quelle raffigurate negli affreschi del peristilio. In particolare furono piantate nel giardino delle edere poi sagomate a semisfera così come quelle raffigurate.

urbanistica e come tutti i quartieri periferici racchiudevano ampi spazi talora destinati ad attività agricolo-artigianali.

Non è possibile invece avere annotazioni certe sulle colture in atto nei giardini delle prime case riportate alla luce perchè solo nella seconda metà dell'800 invalse l'uso dello scavo stratigrafico rispettoso delle tracce lasciate nel terreno dalle radici delle piante.

Nei viridari più grandi il terreno era ripartito in aiuole leggermente rilevate rispetto ai vialetti in terra battuta, ed erano recintate da *grillages* di canne, come già rilevato, ad esempio, nello scavo del giardino della Casa dei Vettii e, più recentemente, in quello cosiddetto dei Casti Amanti, ciò a conferma di quanto appare nell'iconografia (figg. 3-4). Fu proprio lo scavo stratigrafico a porre il problema della ricostruzione dei giardini e ciò indusse ad identificare le specie raffigurate negli affreschi per poi riproporle nelle aiuole.

3

4. Viridario
Pompei, Casa dei Casti Amanti. Il giardino dei Casti Amanti è l'ultimo scavato in ordine di tempo: ciò ha permesso di studiarlo adottando tutte le indagini più avanzate. In particolare l'identificazione de pollini, dei legni, dei semi condotta in maniera sistematica su tutta la superficie e rapportata allo studio delle cavità presenti nel terreno, ha permesso di stabilire con certezza quasi assoluta non solo le specie effettivamente coltivate, ma anche quelle utilizzate in diversa maniera. Infatti, solo quando una specie è identificata contemporaneamente attraverso il polline, il legno, i semi ed è compatibile con la cavità lasciata nel terreno può dirsi effettivamente coltivata in quel luogo. Nel giardino dei Casti Amanti rispondevano a questi requisiti i ginepri, le rose, le artemisie (cfr. *A. abrotanum*), i *Cerastium sp.* e le *Lychnis coronaria L.* che occupavano in maniera quasi simmetrica le aiuole, mentre le viti mascheravano il muro di fondo e piantine di felce (*Polypodium*) vegetavano lungo le canalette. Ciò che è apparso più interessante però, nello scavo del giardino dei Casti Amanti è stato da una parte poter rilevare come il disegno delle aiuole venisse co-

4

struito in maniera tale da correggere asimmetrie ed accentuare la profondità di campo rispetto alle stanze più rappresentative che sul giardino affacciavano, dall'altra di aver conferma dell'uso di *grillages*, così come raffigurato nelle pitture da giardino, per recintare le aiuole stesse. Infatti lungo i bordi delle aiuole sono stati rilevati una miriade di piccoli fori che ospitavano cannucce a mo' di recinzione, ad intervalli fissi legate a canne più grandi a mo' di sostegno.

LA FORTUNA DEL GIARDINO POMPEIANO

1

2

*G*li autori classici, in particolare Plinio il Giovane, ci hanno tramandato la descrizione dei grandi parchi che circondavano le dimore nobili dell'epoca. Tra l'altro essi descrivono la grande diffusione dell'**ars topiaria**, quell'arte cioè di modellare alcune specie sempreverdi a mò di grottoni, parterre e financo di animali (fig. 1). Quando con l'Umanesimo e il Rinascimento si riscoprì la classicità, vennero riproposti nei giardini quei motivi: nacque così il "giardino all'italiana" (fig. 2).
In realtà a Pompei non sono stati ritrovati esempi dei giardini descritti da Plinio: l'ars topiaria infatti ben si adattava ai larghi spazi e soprattutto era un lusso permesso solo alle persone più ricche. I piccoli giardini pompeiani erano invece sfruttati per risolvere le esigenze familiari e seppure ve ne erano di diletto, costituivano pur sempre la farmacia di ca-

sa o l'occasione per mangiare un po' di frutta o di verdura fresca. Una diversa influenza, invece, ebbe la riscoperta di Pompei ed Ercolano sulla storia dei giardini del tempo. Essa, infatti, cadde nella seconda metà del '700, quando in Europa si stava affermando il "landscape garden" o giardino paesaggistico che voleva riproporre il paesaggio naturale punteggiandolo, però, di angoli ad effetto: la cineseria, il castello medievale, l'angolo delle rovine. A Caserta, primo esempio italiano di tale sistemazione, l'angolo delle rovine fu realizzato con reperti provenienti da Pompei (figg. 3-4). Di contro, i visitatori che nello stesso periodo visitavano gli scavi, ne apprezzavano soprattutto il romanticismo, suscitato dalla visione delle rovine incorniciate di vegetazione, quale allegoria del contrasto tra la vita e la morte (fig. 5).

3. Giardino inglese Caserta.

4. Giardino inglese Caserta. Angolo con rovine. Le colonne, furono prelevate dagli scavi di Pompei.

5. Angolo di Pompei.

L'irrigazione era assicurata dalle acque piovane raccolte dai tetti e conservata in cisterne sotterranee, solitamente proporzionate alle esigenze colturali: ciò obbligava a disporre il viridario al centro della casa. Con la disponibilità di acqua corrente fornita dall'acquedotto, alcuni viridari poterono essere ornati con fontane e giochi d'acqua.

Solamente in tempi recenti le nuove indagini di laboratorio hanno permesso di ricostruire correttamente un impianto vegetazionale, svelando, nel caso del giardino dei Casti Amanti, come nelle aiuole venissero coltivate a scopo ornamentale specie che tornavano utili anche nel vivere quotidiano, come piante medicinali e piante coronarie (fig. 4).

Le stesse tecniche sono state usate nelle *Regio* I e II, dove come si è già detto, erano concentrate aree verdi che erano utilizzate per disparate attività agricolo-artigianali: siamo alla periferia della città, lontani dalla Piazza del Foro, centro della vita sociale ed economica.

Così come nelle nostre città i grandi impianti sportivi sono dislocati in periferia, è lì che sorgevano l'Anfiteatro e la Grande Palestra. Era lì che vi era maggiore disponibilità di spazio e quindi la possibilità di avere una residenza più ampia, così come vollero Loreio Tiburtino e Giulia Felice ed era ancora lì che il proprietario di uno spazio verde poteva utilizzarlo anche per attività diverse, non di tipo colturale: per fare ancora un paragone con le nostre città si pensi, ad esempio, a quei prati usati come deposito per le macchine dismesse.

L'Anfiteatro e la Grande Palestra attiravano un gran numero di utenti: grandi platani ombreggiavano la zona. Un famoso affresco conservato al Museo Archeologico di Napoli raffigura quelli esterni al porticato della Palestra e la presenza dei grossi calchi ancora *in situ* ne sono ulteriore conferma (figg. 6-7). Calchi che, viste le loro enormi dimensioni, fanno pensare ad alberi vetusti, posti nella Grande Palestra per il loro significato simbolico.

Essi erano in continuità con quelli che fiancheggiavano il muro di cinta del giardino di Loreio Tiburtino: una continuità che sommato alla coetaneità degli alberi, potrebbe aiutare gli archeologi e gli urbanisti a delineare l'assetto dell'area prima della costruzione dei rispettivi edifici.

5. Viridario
Pompei, Casa del Labirinto. La soluzione adottata per il ripristino dei giardini utilizzando le specie illustrate negli affreschi fu nel tempo esasperata, tanto che negli anni '50, fu ricreato, utilizzando siepi di bosso appositamente sagomate, il disegno del labirinto raffigurato nell'omonima casa. L'*ars topiaria*, cioè l'arte di sagomare piante, fu "inventata", secondo Plinio, (*N.H.*, XII,6) nell'800 a.C. da Gaio Marzio: usandola in forma esasperata, con essa venivano anche "miniaturizzate" le piante ottenendo quei "bonsai" che vengono di solito, ritenuti prerogativa della cultura orientale.

Il giardino di Loreio Tiburtino, ancor più di quello contiguo di Giulia Felice, rappresenta il primo e forse unico esempio, tra quelli fin qui scavati, che si apre all'esterno: la disponibilità di acqua corrente assicurata dall'acquedotto nonché la possibilità di acquisire spazio fecero sì che si potesse allestire un giardino-parco non più racchiuso nella casa e quindi di dimensioni più ampie.

Un lungo pergolato fiancheggiava sui due lati l'euripo ornato di statue e fontane, che lo attraversava per tutta la lunghezza. Alberi da frutta di terza e seconda grandezza, disposti anch'essi a filare, erano sovrastati dai grandi platani che costeggiavano il muro di cinta. Ad un livello più alto un euripo trasversale anch'esso ornato di statue e zampilli, che versavano l'acqua nell'euripo inferiore, era ombreggiato con una pergola, mentre una piccola aiuola conteneva piante fiorite che indicazioni di scavo vogliono fossero disposte a disegnare la forma di un cuore (fig. 8).

6. Pompei
Grande Palestra. Era ornata sui 3 lati da un duplice filare di grandi platani, i cui calchi sono ancora *in situ*.

I PROFUMI

Nel cosiddetto giardino d'Ercole venivano coltivate specie odorose, come rose (molto richieste erano quelle campane proprio perché particolarmente odorose), gigli e viole: gli olivi presenti nello stesso giardino fornivano invece la base oleosa in cui le essenze venivano messe a macerare. Per la sua preparazione le olive venivano raccolte immature, cioè ancora verdi, e quindi spremute.

Le essenze che venivano macerate nell'olio potevano essere usate singolarmente o in miscela e talvolta venivano addizionate a spezie importate dai paesi orientali. Tra quelle utilizzate ve ne erano alcune che possono apparire curiose come il basilico e l'aneto: è altrettanto vero, però, che sotto il nome di profumi in realtà venivano compresi anche gli unguenti, che, usati nei massaggi, avevano valenza curativa.

1. Amorini profumieri *(particolare)*.
Affresco. Pompei. Casa dei Vettii.

2. Amorini profumieri
Affresco. Pompei. Casa dei Vettii.

L'importanza che i profumi avevano nella vita quotidiana è testimoniata anche dalla celebrazione di questa attività nel ciclo pittorico degli Amorini Profumieri della Casa dei Vettii: in esso vengono messe in risalto le diverse fasi della preparazione dei profumi, fino alla prova dell'olfatto da parte di una deliziosa matrona. La loro necessità nasceva dall'esigenza di coprire cattivi odori di fondo dovuti a carenza di igiene personale, a un sistema fognario non sempre efficiente, all'uso dei rifiuti organici solidi nella concimazione dei terreni e liquidi nei processi di sbiancatura dei tessuti.

3. Giglio *(Lilium candidum L.)*
Affresco (particolare). Pompei.
Casa del Bracciale d'Oro.

4. Pompei. Giardino d'Ercole.

5. Violacciocca *(Matthiola sp.)*
Affresco (particolare). Pompei.
Casa del Bracciale d'Oro.

6. Rosa *(Rosa sp.)*
Affresco (particolare). Pompei.
Casa del Bracciale d'Oro.

7. Pompei, deposito
Contenitori in vetro
per profumi e unguenti.

7. Battaglia tra Pompeiani e Nocerini (particolare)
Affresco. Napoli, Museo Archeologico Nazionale. Nella grande Palestra sono conservati i calchi delle radici dei grandi platani, che, disposti in duplice filare, la ombreggiavano. A giudicare dalla loro grandezza gli alberi dovevano esser esemplari certamente pluricentenari delle specie *Platanus orientalis* L. La loro natura è ulteriormente dimostrata dall'affresco della battaglia tra Nocerini e Pompeiani oggi conservato nel Museo Archeologico Nazionale di Napoli. Negli anni 40 il Maiuri, nel rifare i prati della Grande Palestra, sostituì il doppio filare di platani con uno di mirti che col tempo andò in parte distrutto, soprattutto per il sopravvento preso dalla vegetazione infestante (rovo e finocchio selvatico).

In tempi recenti è stata recuperata la coltre erbosa con un'attenta opera di recupero ambientale, che ha comportato un intervento selettivo sulle sole specie indesiderate a salvaguardia di tutte le altre che rappresentano l'attuale patrimonio vegetale degli Scavi. Nell'occasione è stato ripristinato anche il doppio filare di platani scelti in una forma ibrida.
Da segnalare, dal punto di vista naturalistico, anche gli enormi esemplari di *Pinus pinea* L. che sovrastano dall'esterno la Grande Palestra e piantati sempre negli anni '40 a sostituzione dei platani.

8. Viridario
Pompei, Casa di Loreio Tiburtino. Il giardino di Loreio Tiburtino fu scavato agli inizi degli anni 30.
Le tracce lasciate sul terreno rivelarono la presenza dei pergolati e di colture arboree. Di queste ultime furono rilevati i calchi delle radici che furono esaminati dal direttore dell'Orto Botanico del tempo: questi ne identificò approssimativamente le specie distinguendo quelle ornamentali (platani) da quelle fruttifere, determinate come alberi di piccola e media taglia, e dalle viti. Sulla scorta di tali indicazioni nel giardino fu ricostruito il pergolato cui furono nuovamente appoggiate le viti: in luogo dei platani furono, invece, piantati dei cipressi.
Maiuri giustificò questa scelta, da un lato, come la più idonea al romanticismo dei luoghi dall'altro con la necessità di evitare negli scavi la presenza di piante spolianti per i problemi che avrebbero creato nel periodo autunnale.
Per le specie fruttifere, la scelta cadde sui cotogni per quelle di piccola taglia e sui mandorli per quelli di media taglia. Il giardino fu danneggiato durante la seconda guerra mondiale e solo recentemente è stato ricostruito nelle parti lignee, mentre gli alberi per fortuna si sono ben conservati, offrendo in primavera una spettacolare fioritura.

9

Ricco d'acqua e di spazio era pure il giardino di Giulia Felice: a differenza di quello di Loreio, però, esso era composto di due parti che sembravano vivere ciascuno di vita propria: da una parte, infatti, vi era il grande viridario anch'esso ornato di statue e fontane, dall'altra un ampio frutteto, ripartito da vialetti, usato certamente per passeggiarvi, tenendo però d'occhio anche il risvolto economico, in quanto assicurava l'approvvigionamento costante di frutta per i frequentatori della casa (fig. 9).

L'uso ornamentale di alberi da frutta, come del resto accadeva anche per il giardino di Loreio Tiburtino, era piuttosto diffuso soprattutto nelle piccole aree a verde della *Regio* I: lo rilevano gli studi compiuti recentemente sui pollini, i legni, i semi, nonché le tracce di coltivazioni rinvenute in questa zona della città. In particolare il ritrovamento di un vivaio che evidentemente forniva i giardini cittadini, mostra come fosse privilegiata la coltura di alberi di piccola taglia come ad esempio noccioli e peschi: i primi perché producevano frutti adatti alla lunga conservazione, i secondi perché il valore di una sola pesca, frutto di facile deperibilità e, all'epoca, come si è già detto, di recente

9. Viridario e frutteto
Pompei, Casa di Giulia Felice. La proprietà di Giulia Felice occupava un'intera *insula*: era divisa in diversi quartieri, comprendenti quello patronale, un bagno d'uso pubblico, botteghe e ambienti dati in fitto. L'abitazione era arricchita con uno spettacolare giardino attraversato da una peschiera: altri giochi d'acqua erano nel portico di ponente. L'ampio orto che, le cavità lasciate dalle radici nel terreno indicarono come coltivato a frutteto, era ripartito con viali. Probabilmente la vendita di prodotti dell'orto rientrava nelle attività commerciali della proprietaria.
Il giardino fu rimpiantato negli anni 50: anche in questo caso i grandi platani che costeggiavano gli alti muri di cinta furono sostituiti con i cipressi, mentre la scelta dei fruttiferi cadde sulle diverse specie rappresentate negli affreschi: cotogni, melograni, peri, meli, ciliegi.

importazione, costituiva di per sé un piccolo capitale; per fare un paragone, si pensi, ad esempio, al prezzo che un singolo frutto di kiwi aveva in Italia dieci anni fa.

Nella *Regio* I dunque, le indagini di scavo e laboratorio hanno permesso di identificare la presenza di orti, vigneti e vasti frutteti. I primi erano coltivati essenzialmente per uso familiare: probabilmente la sovrapproduzione era venduta al mercato. La coltivazione di fave, piselli, lupini, si alternava con quella di cavoli, cipolle, agli, insalate per citare gli ortaggi più diffusi: la grande fertilità del suolo permetteva più raccolti l'anno e certamente l'orto costituiva un reddito per la famiglia.

Talora l'orto era associato ad un vigneto ed ospitava anche qualche albero da frutta, così da rendere in pratica autonomo il nucleo familiare rispetto alle produzioni più comuni.

I soli vigneti potevano raggiungere dimensioni abbastanza vaste, considerato che si era all'interno della città (fig. 10).

10. Vigneto. Pompei, Casa di Eusino.

11. **Pompei, Orto dei Fuggiaschi**
La vasta area produceva soprattutto frutta. Il suo nome è dovuto al fatto che in essa furono ritrovati i calchi di 13 persone, adulti e bambini, che cercavano di scappare.

Certamente il più vasto di tutti era quello ospitato nel cosiddetto Foro Boario: altrettanto grande doveva essere quello che si estendeva nella stessa zona al di là della via di Sarno. Non meno estesi erano i vigneti di via di Nocera e di via di Castricio. In tutti i casi essi erano dotati di apparati per la vinificazione come torchi, doli interrati, in cui avveniva la fermentazione e anfore per la conservazione del vino e talora cantine. Le distanze delle viti sia sul filare che tra i filari erano quelle indicate da Columella e da Plinio nelle loro opere, mentre le varietà coltivate dovevano essere la *colombina purpurea* e la *vitis oleagina,* capostipiti delle attuali varietà locali "piedirosso e "sciascinoso" attualmente ripiantate in situ nel rispetto dell'antico sesto di impianto. Talora, come nel caso del vigneto di Eusino, un banco di mescita era posto direttamente sulla strada, mentre in altri, come nel Foro Boario, ampi triclini ospitavano gli avventori.

Non a caso tali punti di produzione e di vendita diretta al pubblico erano dislocati in quest'area: essi infatti intercettavano gli spettatori che si recavano all'anfiteatro. Sicuramente produttivi su ampia scala erano le vaste aree coltivate a frutteto: oltre a quella, già ricordata, annessa alla Casa di Giulia Felice, l'Orto dei Fuggiaschi (fig. 11) e il giardino della Nave Europa.

In tutti i casi erano coltivate specie in diverse varietà; alcune producevano frutti che rimanevano

12. Particolare di affresco
Napoli, Museo Archeologico Nazionale.

13. Affresco con rappresentazione di frutti diversi
Napoli, Museo Archeologico Nazionale. Gli affreschi permettono non solo di riconoscere le diverse varietà di frutta, ma anche i recipienti che la contenevano: ceste di legno dopo la raccolta, vasellame in vetro per il consumo a tavola e anfore con il coperchio per la conservazione a lungo termine.

inalterati a lungo come noci e nocciole; altre frutti a polpa, come fichi, pere, pesche, albicocche, susine, uva da tavola che venivano consumati freschi o conservati nel miele o, ancora, appassiti al sole (figg. 12-13).

I fichi in particolare avevano grande importanza nell'alimentazione del tempo, per il loro alto contenuto zuccherino e quindi per il grande potere energetico, soprattutto considerato che erano sconosciuti gli zuccheri derivati dalla canna e dalla barbabietola.

Ma gli ampi spazi verdi della *Regio* I erano destinate anche ad altri usi: non solo allo stivaggio dei prodotti, come nella casa del *garum* o in quella dello stuoiaio, ma anche per produzioni agricolo-artigianali come quella che si svolgeva nella Casa del Profumiere.

Nel grande orto di questa casa, infatti, venivano coltivate essenze profumate come gigli, rose e viole che veni-

14. Il viridario della Casa dei Vettii in una ricostruzione degli inizi del '900.

vano poi macerate in olio prodotto con le olive raccolte ancora verdi dagli alberi coltivati nel giardino stesso. Si è anche avanzata infine l'ipotesi che nei giardini pompeiani, soprattutto quelli di più vaste dimensioni, venissero coltivate piante coronarie: al momento tale produzione, che pure doveva essere molto diffusa, per il molteplice uso che delle corone veniva fatto, è attestata solo a livello iconografico.

Attualmente i giardini in cui è stato possibile identificare le specie effettivamente coltivate in antico sono stati reimpiantati a seconda della destinazione d'uso. Gli altri sono lasciati integri quale testimonianza dei passati criteri di restauro (figg. 14-15): in entrambi i casi molta attenzione viene posta alla salvaguardia delle specie spontanee che in quegli spazi hanno trovato rifugio.

15. Ricostruzione del giardino della Casa degli Amorini Dorati in periodo fascista.

LE COLTURE ESSENZIALI:
IL FRUMENTO, L'OLIVO E LA VITE

L'espansione della civiltà mediterranea la si deve, tra l'altro, a tre specie vegetali: il frumento, la vite e l'olivo. La coltivazione del frumento si perde nella notte dei tempi: quando ci si rese conto che i semi di quella pianta infestante, tostati e macinati tra due pietre per farne sfarinato, potevano essere piantati nel terreno e che da essi sarebbero nate tante spighe con tantissimi semi in più, l'uomo mise da parte le attività nomadi per dedicarsi all'agricoltura.

Sui luoghi di origine del frumento ci sono infiniti studi: certamente forme spontanee di *Triticum* erano presenti nel bacino del Mediterraneo, ma per giungere alle forme coltivate a noi note il cammino è stato lunghissimo ed è passato dalle forme di ibridazione spontanee a quelle consapevolmente esercitate dall'uomo.

Le forme di frumento più antiche erano, ad esempio, "vestite": con tale termine si indicano quelle "cultivar", di immediata derivazione dalle forme spontanee, in cui la cariosside (quella che comunemente viene chiamato il "chicco di grano") è difficilmente divisibile dalle glume, le brattee che la rivestono.

1   2

1. Campi di frumento in Calabria **3. Uliveto sulle pendici degli Alburni**

2. *Avena fatua* **L.**
Per Plinio stranamente l'avena non era specie a sé, bensì una degenerazione del frumento dovuta all'umidità.

Per liberare i semi le ordinarie operazioni di trebbiatura non erano sufficienti, pertanto essi venivano tostati. Alcune forme di frumento "vestito" sono riscontrabili tra i reperti carbonizzati ritrovati a Pompei, ma statisticamente essi sono pochi rispetto agli altri e ciò dimostra che la transizione tra le due diverse forme coltivate in area vesuviana nel I sec. d. C. stava compiendosi ovviamente a favore delle forme "nude". L'esempio più noto di frumento "vestito" è costituito dal farro, per scortecciare il quale era stato inventato il *"pilum"*, costituito da una coppia di pestelli, che venivano usati in maniera alternata e ritmica.

Le forme di frumento "nude", inizialmente frutto di selezioni naturali casuali, avevano il grande vantaggio di avere le glume facilmente separabili dalle cariossidi: le operazioni di trebbiatura, affidate agli zoccoli degli animali o a pietre piatte da questi trascinate, erano quindi enormemente facilitate. Le parti inutilizzabili erano poi allontanate facendo vento con i *ventilabra*, cosicchè sull'aia rimanevano solamente i "chicchi", che venivano conservati nei granai.

I granai, situati in alto e con le finestre esposte a nord,

3

4. Vigneto sulle pendici del Vulture
L'importanza del frumento, dell'ulivo e della vite per le popolazioni del bacino del Mediterraneo non è calata col trascorrere dei secoli. Egualmente, per lunghissimo tempo le tecniche colturali sono rimaste inalterate: solo da pochi decenni sono state modificate dall'avvento dell'agricoltura meccanizzata soprattutto nelle grandi aziende dei Paesi più sviluppati.

4

1. Guache con forno del panettiere.

Il frumento veniva ridotto in farina mediante apposite macine: ve ne erano di casalinghe, piccole e maneggevoli, e per produzioni su larga scala, solitamente annesse alle panetterie. Potevano essere girate da animali o da uomini: quelle ritrovate a Pompei erano in gran parte a trazione umana, considerato il ristrettissimo spazio che vi era tra l'una e l'altra. Le macine erano prevalentemente in pietra lavica locale e talune di importazione: probabilmente erano destinate a diversi tipi di macinato. In ogni caso, nel continuo sfregamento tra pietra e frumento si aveva un sottile continuo sfaldamento della pietra, che ridotta in polvere, si mescolava alla farina, come appare chiaro anche dalle analisi eseguite su frammenti di pane carbonizzato.

La farina veniva poi mescolata ad acqua e sale e, una volta impastata, le veniva data la forma di rosette, che erano messe a lievitare: talvolta sul pane veniva impresso il marchio del proprietario della panetteria.

I pani migliori, così come i dolci, erano di farina bianca ottenuta da grano tenero: pani di peggiore qualità, talvolta ottenuti con la sola farina d' orzo, erano destinati ai ceti sociali più bassi.

2. Affresco. Napoli. Museo Archeologico Nazionale
Quadro con probabile raffigurazione di distribuzione gratuita di pani offerti a tre personaggi in abito da viaggio da un panettiere in toga bianca in occasione della sua elezione ad una carica pubblica.

3. Pilum (ricostruzione).

4. Macina per prepazione del frumento.

erano costruiti con particolari accorgimenti, che prevedevano l'uso della morchia delle olive negli impasti delle malte usate per la costruzione dei pavimenti e delle pareti: tale trattamento era fatto per preservare il frumento dall'attacco degli insetti secondo una pratica che si è conservata nei secoli successivi, almeno fino a tutto il 1600.

Altra pianta di importanza capitale nella vita di duemila anni fa era l'olivo, che, insieme alla vite, già in epoca greca era considerata pianta sacra: nelle cosiddette "tavole di *Heraclea*", ad esempio, le terre del Metapontino erano dedicate alla coltura dell'olivo e della vite e quindi sacre rispettivamente a Minerva e a Dioniso: i danni apportati a queste piante erano punibili financo con la morte.

5. Alberi di olivo *(Olea europaea* L.*)*
L'albero di olivo è una pianta estremamente longeva, che può arrivare anche a mille anni di età. Attualmente gli esemplari più vecchi vivono in Grecia.

Plinio *(N. H.,* XV,1) afferma che secondo lo storico Fenestella l'olivo fu introdotto a Roma nel 581 a. C., sotto il regno di Tarquinio Prisco e che la diffusione della sua coltura fu tale che il prezzo dell'olio andò sempre più calando, nonostante che la crescita dell'albero fosse lentissima.

Erano note diverse varietà di olive, che non richiedevano grandi cure colturali, se non delle accorte potature. La predilezione di questa specie per i terreni calcarei ha fatto sì che in area vesuviana gli olivi fossero coltivati prevalentemente sui Monti Lattari, come testimoniano i ripetuti ritrovamenti di frantoi in quei luoghi.

L'olio migliore derivava dalla spremitura delle olive ancora verdi o appena colorate, raccolte direttamente sull'albero: norme queste che, seguite ancora oggi, caratterizzano le migliori qualità d' olio. Il frantoio e le celle olearie andavano, secondo Columella, esposte a mezzogiorno, ma lontano da sorgenti di calore, causa di cattivi sapori, per evitare che l'olio, gelando, si rapprendesse ed irrancidisse.

Le olive, addolcite con la salamoia, venivano consumate anche intere o schiacciate ed aromatizzate con erbe, secondo ricette che si sono conservate nel tempo, così come potevano essere fatte seccare: tale consumo costituiva sovente, insieme al pane e ad un po' di formaggio, l'alimento di base per le classi sociali più povere.

Così come si è già visto per la morchia, l'olivo aveva gli usi più disparati: i residui di frantoio alimentavano le lucerne, il legno era usato in ebanisteria, l'olio tratto dalla spremitura di olive immature costituiva la base di unguenti e profumi.

La vite era annoverata in antico tra gli alberi: essa, infatti, lasciata libera di crescere raggiungeva dimensioni notevolissime e Plinio racconta che il tempio di Giunone, a Metaponto, si reggeva su colonne di legno di vite. La progenitrice delle viti coltivate, la vite silvestre, era spontanea nei boschi della regione caucasica: forse la coltura iniziò in Armenia. Essendo le viti molto sensibili alle mutazioni, probabilmente man mano che una pianta selezionava grappoli più grandi, acini più dolci per talea veniva creato una nuova cultivar e questo ne spiega lo sterminato numero: secondo Plinio solo Democrito sosteneva che se ne potesse tenere il conto.

6-7. Diverse varietà di uva
Affreschi: particolari. Napoli, Museo Archeologico Nazionale.

IL CICLO DELL'OLIO

*L*e olive per la produzione di olio venivano raccolte al variare del colore: si consigliava di portarle subito al frantoio per non pregiudicare la qualità del prodotto finale. Contrariamente a quanto accade oggi, in antico una leggera torchiatura precedeva la prima frangitura, eseguita, però, senza rompere i noccioli.
Una seconda frangitura schiacciava tutto il residuo, che veniva poi raccolto in fiscoli e pressato nuovamente.

1. Ramo d'olivo *(Olea europaea* L.*)*.

2. Oliveto. Per ottenere olio della migliore qualità le olive andavano raccolte a mano dall'albero. La raccolta in terra e ritardata era causa di prodotto scadente.

Così facendo si otteneva con la prima operazione olio di primissima qualità, con la seconda un olio ricco di morchia, con la terza il prodotto più scadente. Gli scarti finali erano poi utilizzati come combustibili per lampade.

È interessante notare come nella descrizione degli autori classici appare chiara la possibilità di regolare la pressione esercitata dalle macine a seconda del tipo di frangitura desiderata. (Pl. H. N. XV,6 ; Col. De agr. XII, 52).

3. Ricostruzione del torchio per olive
Roma, Museo della Civiltà Romana.

4. Vecchio frantoio in costiera amalfitana: il modello delle macine, il cui uso secondo Plinio al suo tempo era invalso da poco, si è conservato inalterto nel tempo.

Dall'Armenia alcuni vitigni raggiunsero il Mar Caspio, si diffusero in Mesopotamia, Fenicia ed Egitto e poi a Creta e in Tracia, per diffondersi in tutta la Grecia, passare in Italia intorno al VI sec. a. C. e raggiungere il resto dell'Europa verso il 100 a. C.

Per la sola Campania, Plinio ne enumera moltissime di qualità diverse e molte per la sola area vesuviana: quelle che sono citazioni letterarie trovano conferma nelle ripetute raffigurazioni di uve, talvolta tanto precise da permettere l'identificazione della cultivar. L'ampelografia, infatti, studiando la forma del grappolo e della foglia, il colore e la grandezza degli acini permette il paragone con le varietà attuali per tentare di delinearne le dirette ascendenze.

A differenza dell'olivo le viti necessitano di cure molto più attente: i Pompeiani ben sapevano che erano particolarmente adatte alla loro cultura le ventilate e ben esposte pendici vesuviane.

Nella forma di allevamento tenevano poi conto e della fascia latitudinale di impianto e delle qualità delle viti messe a dimora: in pianura, dove più forte era l'umidità, si preferiva far allungare i tralci a grandissima altezza, poggiandoli ai pioppi o agli olmi, per facilitare la maturazione dei grappoli.

Nei vigneti di città era preferita la coltura a filare su di un sesto di impianto che, come dimostra il ritrovamento delle cavità lasciate dalle redici, ripete le distanze sul filare e tra i filari consigliati dagli autori classici: i triclini erano ombreggiati da pergole, così come lunghi pergolati ombreggiavano l'euripo del giardino della Casa di Loreio Tiburtino.

Anche le uve da tavola erano allevate a pergola, solitamente sistemate lungo i muri permetrali, che recingevano orti, vigneti e frutteti.

Sulle pendici le viti erano coltivate a filari e/o a tendoni: questi ultimi sono ben visibili nella raffigurazione di Bacco e il Vesuvio, che ornava il larario della Casa del Centenario.

8-9. Diverse varietà di uva
Frammenti di affreschi. Pompei. Casa di Fabio Rufo.

10. Pompei, Tempio di Iside
Guache. Giacinto Gigante. Si notino a destra le viti maritate ai pioppi.

IL CICLO DEL VINO

La coltivazione della vite era ampiamente diffusa in città come in campagna e insieme alla produzione di garum costituiva una delle principali attività dell'area vesuviana.
I ripetuti ritrovamenti di impianti per la trasformazione dei prodotti - celle vinarie, doli, torchi, anfore, nonché legni e grappoli d'uva carbonizzati - non fanno che confermare quelle che erano le informazioni letterarie tramandateci da gli autori classici che sottolineavano la bontà dei vini locali.
Nella stessa iconografia l'importanza della coltura della vite era grandemente esaltata: alle scene celebrative come i ripetuti cicli degli Amorini vendemmiatori (fig. 1) o l'affresco rinvenuto nella Casa del Centenario, a quelle simboliche, in cui la vite veniva messa in relazione con i riti dionisiaci (fig. 2), si sommano un gran numero di raffigurazioni degli stessi grappoli illustrati nelle più diverse varietà, informazione questa di grande interesse per la storia stessa della viticoltura. I dati di scavo mostrano, inoltre, come le stesse tecniche colturali seguissero quelle che erano le norme codificate in Plinio e Columella: (fig. 3) la disposizione ed il loro orientamento nonché l'allevamento a filare o a tendone per le colture condotte

1. Amorini vendemmiatori
Affresco, Napoli, Museo archeologico Nazionale.

2. Riti dionisiaci
Affresco, Napoli, Museo archeologico Nazionale.

nei luoghi più asciutti o lungo la fascia collinare e, viceversa, la tecnica di legare le viti ai pioppi e gli olmi nei luoghi più bassi, per permettere al grappolo di maturare più facilmente lontano dall'umidità ristagnante del terreno. Era questa una tecnica ancora in uso in area vesuviana ai primi tempi dello scavo e sopravvive solo in alcune zone del Casertano. Alla raccolta dell'uva seguivano i processi per la vinificazione, che prevedevano la
pigiatura e la prima torchiatura (fig. 4), che fornivano il vino migliore, ed ulteriori torchiature, con cui si ottenevano vini di seconda e terza qualità. Il mosto veniva fatto poi fermentare in doli interrati: a fermentazione conclusa, il vino veniva travasato in anfore e conservato in cantina.
La grande importanza della coltura della vite e della produzione del vino non era però dovuta solamente al consumo del vino quale bevanda di piacere. Esso infatti era un importantissimo costituente di base dei cosiddetti vini medicati, di quei vini, cioè, che, a seconda del principio attivo dell'essenza messa a macerare in esso, costituiva un medicamento da tenere nella farmacia di casa per curare malanni passeggeri come mal di stomaco, tosse o insonnia. Questa pratica in realtà dimostra come in maniera intuitiva si fosse arrivato alla conoscenza della capacità estrattiva dell'alcool, anche se la natura di quest'ultima sostanza rimaneva ovviamente sconosciuta.

3. Vigneto
Pompei, Via di Nocera.

4. Torchio
Pompei, Villa dei Misteri. Il modello di torchio più antico sfruttava il peso della trave per la pigiatura e la pressione esercitata con l'argano per la torchiatura: con l'invenzione del torchio a vite continua, le due operazioni saranno unificate.

APPENDICE

ELENCHI FLORISTICI

Elenco delle specie presenti nel 79 d.C. sul territorio vesuviano. Tale elenco, stilato da diversi autori sulla scorta dell'identificazione di pollini, legni, semi e frutti ritrovati sul piano di campagna, comprende quanto finora pubblicato. In grassetto le specie che sono raffigurate negli affreschi.

Famiglia	*Specie*	*Famiglia*	*Specie*
Hypolepidaceae	*Pteridium aquilinum* (l:) Kunn		*R. gallica* L. var. *centifolia*
Polypodiaceae	*Polypodium australe* Fèe		*R. gallica* L. var. *Versicolor*
Pinaceae	*Abies alba* Miller		*P. dulcis (Miller)* D. A. Webb
	Pinus pinea L.		*P. dulcis (Miller)* D. A. Webb var. pizzolantonio
Cupressaceae	**Cupressus sempervirens** L.		
	Juniperus sp.		*P. cerasus* L.
Salicaceae	*Salix sp.*		**Malus domestica** Borkh.
	Populus sp.		*M. domestica* Borkh. var. alappia
Juglandaceae	**Juglans regia** L.		*M. domestica* Borkh. var. annurca
	J. regia var. Sorrento		*M. domestica* Borkh. var. clavilla
Corylaceae	*Corylus avellana* L.		*Pyrus communis* L. var. spadona
	C. avellana L. var. lunga di Sarno		*Pyrus communis* L. var. buoncristiano
Betulaceae	*Betula sp.*		
	Alnus glutinosa (L.) Gaertner		*Pyrus communis* L. var. mastantuono
Fagaceae	*Carpinus sp.*		
	Ostrya sp.		*Pyrus communis* L. var. pennato
	Fagus sylvatica L.		*Pyrus communis* L. var. maddalena
	Castanea sativa Miller		
	Quercus pubescens Willd.		*Pyrus communis* L. var. laura
	Q. ilex L.		*Pyrus communis* L. var. moscarella
	Q. cerris L.		
	Q. robur L.		*P. communis* L. var. zucchero
Ulmaceae	*Ulmus minor* Miller		*P. communis* L. var. Bergamotta
Moraceae	**Ficus carica** L.		*Potentilla reptans* L.
	F. carica L. var. troiano		*Polygonum persicaria* L.
	F. carica L. var. lardaro		*P. aviculare* L.
	F. carica L. var. cucuzzaro		*Fallopia convolvulus* (L.) Holub
	F. carica L. var. molosso	*Chenopodiaceae*	*Chenopodium vulvaria* L.
	F. carica L. var. dottato		*Atriplex sp.*
Rosaceae	**Rubus ulmifolius** Schott	*Portulacaceae*	*Portulaca oleracea* L.
	R. fruticosus L.	*Cariophyllaceae*	*Polycarpon tetraphyllum* L.
	Rosa gallica L.		*Silene italica* L.

Famiglia	Specie	Famiglia	Specie
	S. nutans L.		*Trifolium campestre* Schreber
	S. alba (Miller) Krause		*T. glomeratum* L.
	S. gallica L.		*T. lappaceum* L.
	Arenaria leptoclados (Rchb) Guss.		*T. cherleri* L.
	Petrorhagia velutina (Guss.) P. W: Ball et Heywood		*T. arvense* L.
			T. angustifolium L.
Ranuncolaceae	*Ranunculus bulbosus* L.		*T. subterraneum* L.
	R. sardous Crantz		*T. pratense* L.
Guttiferae	*Hypericum sp.*		*Lotus angustissimus* L.
Lauraceae	**Laurus nobilis L.**		*Ornithopus compressus* L.
Papaveraceae	**Papaver somniferum L.**		*O. pinnatus* (Miller) Druce
	P. rhoeas L.		*Pisum sativum* L.
	Chelidonium majus L.		*Cicer aretinum* L.
Cruciferae	*Brassica rapa* L.		*Lens culinaris* Medicus
	Sinapis sp.	*Geraniaceae*	*Geranium rotundifolium* L.
	Eruca sp.		*G. robertinianum* L.
	Lepidium sp.	*Linaceae*	*Linum usitatissimum* L.
	Raphanus sp.	*Euphorbiaceae*	*Euphorbia* sp.
Platanaceae	**Platanus orientalis L.**	*Rutaceace*	**Citrus limon (L.) Burm. F.**
Leguminosae	**Ceratonia siliqua L.**	*Anacardiaceae*	*Pistacia* sp.
	Cytisus scoparius (L.) Link	*Aceraceae*	*Acer campestre* L.
	Lupinus angustifolius L.	*Vitaceae*	**Vitis vinifera L.**
	Spartium junceum L.	*Malvaceae*	*Malva sylvestris* L.
	Vicia villosa Roth	**Guttiferae**	*Hypericum perfoliatum*
	V. lutea L.	*Violaceae*	*Viola tricolor* L.
	V. disperma DC.		*V. arvensis* Murray
	V. sativa L.	*Tamaricaceae*	*Tamarix gallica* L.
	Lathyrus sphaericus Retz.	*Cucurbitaceae*	*Cucumis* sp.
	L. clymenum L.		*Bryonia dioica* Jacq.
	L. aphaca L.	*Myrtaceae*	**Myrtus communis L.**
	Trigonella corniculata (L.) L.	*Cornaceae*	*Cornus mas* L.
	Medicago orbicularis (L.) Bartal.	*Punicaceae*	**Punica granatum L.**
	M. sativa L.		**P. granatum L. var. dente di cavallo**
	M. truncatula Gaertner		
	M. muricoleptis Tinco	*Arialaceae*	**Hedera helix L.(var. variegata)**
	M. arabica (L.) Hudson	*Umbelliferae*	*Daucus carota* L.
	M. minima (L.) Bartal		*Apium graveolens* L.
	M. lupolina L.		*Torilis* sp.

Famiglia	Specie	Famiglia	Specie
	Aethusa sp.		*Crepis neglecta* L.
	Tordilium sp.		*Hypochaeris glabra* L.
	Ridolfia sp.		*Cirsium arvense* (L.) Scop.
	Caucalis plathycarpos L.		*Eupatorium cannabinum* L.
Ericaceae	**Arbutus unedo L.**	*Liliaceae*	*Allium sativum* L.
Primulaceae	**Anagallis arvensis L.**		*Allium coepa* L.
Oleaceae	**Olea europaea L.**		*Ruscus aculeatus* L.
	O. europaea L. var. sorrento		*Smilax aspera* L.
Apocynaceae	**Nerium oleander L.**	*Gramineae*	*Gastridium rentricosum* (Gouan) Sch. Et Th.
Rubiaceae	*Galium aparine* L.		
Convolvulaceae	*Sherardia arvensis* L.		*Cynodon dactylon* (L.) Pers.
Boraginaceae	*Convolvulus arvensis* L.		*Anthoxanthum odoratum* L.
Verbenaceae	*Echium* sp.		*Agrostis stolonifera* L.
Labiatae	*Verbena officinalis* L.		*Lagorus ovatus*
	Sideritis romana L.		*Holcus lanatus* L.
	Calamintha nepeta (L.) Savi		*Arena barbata* Potter
	Marrubium vulgare L.		*Aira caryophyllea* L.
	Lamium sp.		*Cynorosus echinatus* L.
	Ocimum basilicum L.		*Poa annua* L.
	Lycopus europaeus L.		*Briza maxima* L.
Solanaceae	*Solanum nigrum* L.		*B. minor* L.
	Hyoscyamus albus L.		*Lapochloa cristata* (L.)Hgl
Scrophulariaceae	*Veronica* sp.		*Vulpia myuros* (L.) Gmelin
Plantaginaceae	*Plantago lanceolata* L.		*Bromus rigidus* Roth
Valerianaceae	*P. lagopus* L.		*B. madritensis* L.
	Valerianella dentata (L.) Pollich		**Hordeum vulgare L.**
Dipsacaceae	*Knautia arvensis* (L.) Coulter		*Lolium perenne* L.
Compositae	*Filago germanica* (L.) Hudson		*Triticum monococcum* L.
	Anthemis arvensis L.		*T. dicoccum* Schrank
	Chrysanthemum segetum L.		*T. turgidum* L.
	Calendula arvensis L.		**T. aestivum L.**
	Carduus pycnocephalus L.		**Arundo donax L.**
	Galactites tomentosa Moench		*Phragmites australis* (Cav.) Trin.
	Sonchus asper (L.) Hill.	*Lemnaceae*	*Lemna* sp.
	S. oleraceus L.	*Cyperaceae*	*Carex flacca* Schreber

Elenco delle specie, comprese quelle introdotte per ornamento, attualmente presenti nell'area archeologica di Pompei. Esso include le piante identificate nelle parti già scavate, quelle reperite nelle aree non ancora riportate alla luce e lungo la fascia di rispetto *extramoenia*. In grassetto sono riportate le specie presenti anche nel 79 d.C.

Famiglia	*Specie*	**Famiglia**	*Specie*
Hypolepidaceae	*Pteridium aquilinum (l:) Kunn*		*Petrorhagia velutina prolifera* (L.) Ball et Heywood
Aspleniaceae	*Asplenium adiantum nigrum* L.	**Ranuncolaceae**	*Clematis vitalba* L.
Cupressaceae	*Cupressus sempervirens* L.		*C. recta* L.
Pinacece	**Pinus pinea L.**	**Guttiferae**	*Hypericum perforatum* L.
	P. halepensis Miller	**Lauraceae**	**Laurus nobilis L.**
	P. pinaster Aiton	**Papaveraceae**	*Papaver hybridum* L.
Taxaceae	*Taxus baccata* L.		*P. rhoeas* L.
Salicaceae	*Populus nigra* L.		*Glaucium flavum* Crantz
	Populus tremula L.		*Fumaria officinalis* L.
Corylaceae	**Corylus avellana L.**		*F. capreolata* L.
Fagaceae	*Fagus sylvatica* L.		*F. agraria* L.
	Quercus pubescens Willd.		*F. bastardei* Breon Subett
	Q. ilex L.		*F. vaillantii* L.
Ulmaceae	**Ulmus minor Miller**	**Cruciferae**	*Brassica rapa* L.
Moraceae	**Ficus carica L.**		*Eruca* sp.
	Morus nigra L.		*Raphanus raphanistrum* L.
Urticaceae	*Urtica dioica* L.		*Aethionema saxatile* (l.) RBr.
	U. membranacea Poiret	**Resedaceae**	*Reseda alba* L.
	Parietaria officinalis L.		*R. luteola* L.
Poligonaceae	*Rumex pulcher* L.	**Platanaceae**	*Platanus hybridus*
	Poligonum aviculare L.	**Crassulaceae**	*Sedum sediforme* (Jacq.) Pam.
Chenopodiaceae	*Atriplex* sp.	**Rosaceae**	**Rubus ulmifolius Schott**
Portulacaceae	*Portulaca oleracea* L.		Rose in diverse culvtivars
Cariophyllaceae	*Stellaria media* (L.) Will.		*Rosa agrestis* Savi
	S. neglecta Weihe		**Prunus persica (L.) Batsch**
	Silene nocturna L.		**P. dulcis (Miller) D. A. Webb**
	S. nutans L.		**P. cerasus L.**
	S. alba (Miller) Krause		**Malus domestica Borkh.**
	S. noctiflora L.		**Pyrus communis L.**
	S. dioica (L.) Clair		*Potentilla reptans* L.
	S. apetala Willd.		**Cydonia oblonga Miller**
	S. dichotoma Ehrb.		*Sorbus domestica* L.
	Cerastium holostoidesFnis ampl. Hylander		*Crataegus monogyna* Jacq.

Famiglia	Specie	Famiglia	Specie
Leguminosae	***Ceratonia siliqua* L.**	**Malvaceae**	***Malva sylvestris* L.**
	***Cytisus scoparius* (L.) Link**	**Violaceae**	***V. arvensis* Murray**
	Lupinus angustifolius L.	**Tamaricaceae**	*Tamarix gallica* L.
	***Spartium junceum* L.**	**Cucurbitaceae**	*Lagenaria sericera* (Molina) Standley
	***Vicia villosa* Roth**	**Myrtaceae**	***Myrtus communis* L.**
	V. cracca L.	**Cornaceae**	*Cornus sanguinea* L.
	V. hybrida L.	**Punicaceae**	*Punica granatum* L.
	V. onobrychioides L.	**Arialaceae**	***Hedera helix* L. (var. variegata)**
	V. sativa L.	**Umbelliferae**	*Daucus carota* L.
	***V. faba* L.**		*D. gingidium* L.
	Lathyrus pratensis L.		*Foeniculum vulgare* L.
	L. annuum L.	**Ericaceae**	***Arbutus unedo* L.**
	***L. aphaca* L.**	**Primulaceae**	***Anagallis arvensis* L.**
	***Trigonella corniculata* (L.) L.**		*A. foemina* Miller
	Medicago orbicularis (L.) Bartal	**Oleaceae**	***Olea europaea* L.**
	***M. truncatula* Gaertner**		*Ligustrum vulgare* L.
	***M. lupolina* L.**		*Phillyrea latifolia* L.
	T. hybridum L.	**Apocynaceae**	***Nerium oleander* L.**
	***T. subterraneum* L.**	**Rubiaceae**	*Galium aparine* L.
	T. subterraneum L.		*G. odoratum* (L.) Scop.
	***T. pratense* L.**		*G. album* Miller
	***Lotus corniculatus* L.**		*G. parisiense* L.
	L. ornithophioides L.		*Sherardia arvensis* L.
	Gleditsia triacanthos L.	**Convolvulaceae**	*Convolvulus arvensis* L.
	Robinia pseudoacacia L.		*Calystegia sepium* (L.) R. Br.
	***Pisum sativum* L.**		*Cuscuta europaea* L.
	***Cicer aretinum* L.**	**Boraginaceae**	*Echium vulgare* L.
Geraniaceae	*Geranium rotundifolium* L.		*E. plantagineum* L.
	G. robertinianum L.		*Borago officinalis* L.
Euphorbiaceae	*Euphorbia peplus* L.		*Cerinthe major* L.
	E. helioscopia L.		*Miosotis arvensis* Hill
	E. cyparisias L.		*Cynoglossum creticum* Miller
Rutaceace	***Citrus limon* (L.) Burm. F.**		*Pulmonaria saccharata* Miller
	C. sinensis (L.) Osbeck	**Labiatae**	*Calamintha grandiflora* (L.) Moench
	C. aurantium L.		*Stachis officinalis* (L.) Trevisan
Anacardiaceae	*Pistacia lentiscus* L.		*Lamium album* L.
Simaroubaceae	*Ailanthus altissima* (Miller) Swingle		*L. purpureum* L.
Buxaceae	***Buxus sempervirens* L.**		*L. amplexicaule* L:
Vitaceae	***Vitis vinifera* L.**		*L. bifidum* L.

Famiglia	Specie	Famiglia	Specie
	Ajuga reptans L.		**Chrysanthjemum segetum L.**
	Glecoma hirsuta W. et K.		*Calendula arvensis* L.
	Thymus longicaulis Prel.		*Galactites tomentosa* Moench
	Mentha suaveolens L.		**Sonchus oleraceus L.**
	Rosmarinus officinalis L.		*Crepis biennis* L.
Solanaceae	*Solanum dulcamara* L.		*C. lacera* L.
	S. luteum Miller		*Cirsium vulgare* (Savi) Ten..
	S. nigrum L.		*Helychrysum italicum* (Roth.) Don
	Datura stramonium L.		*Galinsoga parviflora* Cav.
Scrophulariaceae	*Veronica arvensis* L.		*Senecio vulgaris* L.
	Verbascum sinuatum L.		*Centaurea deusta*
	Anthirrinum sicula Miller		*Taraxacum officinale* Weber
	Linaria purpurea (L.) Miller		*Cichorius intybus* L.
	Cymballaria muralis Gaertner		*Hieracium piloselloides* Will
Orobanchaceae	*Orobanche crenata* Forsskal		*Leucanthemum vulgare* Lam
	O. ramosa L.	**Liliaceae**	*Allium sativum* L.
	O. rapum-genistae L.		*Allium coepa* L.
	O. minor Sm.		*Ruscus aculeatus* L.
Acanthaceae	*Acanthus mollis* L.		*Smilax aspera* L.
Plantaginaceae	**Plantago lanceolata L.**	**Gramineae**	*Lagorus ovatus*
Caprifoliaceae	*Sambucus nigra* L.		*Poa annua* L.
	Viburnum tinus L.		*Bromus erectus*
	Lonicera biflora Derf.		**Hordeum vulgare L.**
	L. caprifolium L.		*Lolium perenne* L.
Valerianaceae	*Centranthus ruber* (L.) DC.		*L. crenatum* Scrank
Dipsacaceae	*Dipsacus fullonum* L.		*Cynodon dactylon* L.
	Scabiosa maritima L.		*Setaria verticillata* (L.) Bauv.
Campanulaceae	*Legousia speculum-veneris* (L.) Chaix		*Arundo donax* L.
Compositae	*Bellis perennis* L.		*A. Plinii* Turra.
	Anthemis arvensis L.	**Lemnaceae**	*Lemna* sp.
	A. segetalis L.	**Cyperaceae**	*Carex flacca* Schreber
	A. mixta L.		

BIBLIOGRAFIA

La bibliografia relativa agli argomenti in oggetto si è arricchita negli ultimi anni di un gran numero di titoli, che riprendono a loro volta tutto il pregresso.

Si preferiscono, pertanto, citare solo gli ultimi volumi pubblicati in ordine di tempo, e i relativi articoli di riferimento.

Per gli approfondimenti sul paesaggio si rimanda ad A. CIARALLO, *Il territorio del 79 d.C.*, alle pagg. 4-7 e, sempre della stessa autrice, all'*Evoluzione del paesaggio* alle pagg. 12-19 in A. CIARALLO - E. DE CAROLIS - *Lungo le mura di Pompei*, Milano, 1998.

Per le specie spontanee e le specie introdotte si rimanda agli articoli di A. CIARALLO, *L'osservazione della natura* e *La flora* rispettivamente alle pagg. 37-42 e 46-47 nel catalogo della mostra *Homo Faber*, Milano, Electa 1999.

Sempre in questo catalogo a completamento delle informazioni sulle colture sul paesaggio e sull'uso delle piante in medicina, in cosmesi e su quelle tessili si rimanda agli articoli di T. PESCATORE e M.R. SENATORE, *Le conoscenze geografiche* (pagg. 43-45), L. CAPALDO, *La fauna* (pagg. 48-50), L. CAPALDO e G.F. RUSSO, *Caccia e pesca* (pagg.83-84), M. BORGONGINO, *Le colture extra-urbane (*pagg. 89-91), R. D'ORAZIO, E. MARTUSCELLI, *Il tessile a Pompei (pagg. 92-94)*, M. CIPOLLARO e G. DI BERNARDO, *La cosmesi* (pagg. 111-114), A. CASCINO, M. CIPOLLARO, G. DI BERNARDO, *Medicina e chirurgia* (pagg. 226-228).

Per i giardini di Pompei si rimanda, invece,a :

W. YASHEMSKI, *The gardens of Pompeii*, New York 1975-1993 e a A. CIARALLO, *Orti e giardini di Pompei*, Napoli 1992 ed ancora, nel già citato catalogo della Mostra *Homo Faber*, a M. MARIOTTI LIPPI, *Il verde urbano nell'antica Pompei* alle pagg. 87-88.

Infine, per chi voglia approfondire la conoscenza della città antica si rimanda agli articoli di E. De Carolis contenuti in entrambi i volumi.

I testi classici di riferimento sono PLINIO, *Naturalis Historia*; COLUMELLA, *De Re Rustica* entrambi nell'edizione Einaudi, *Gli struzzi*.

Finito di stampare in Roma nel mese di settembre 2001 per conto de
«L'ERMA» di BRETSCHNEIDER
dalla Tipograf S.r.l.
via Costantino Morin, 26/A